成都·成华历史人文丛书 街道卷

猛追湾

刘云奇 著

四川文艺出版社

图书在版编目（CIP）数据

猛追湾 / 刘云奇著. — 成都：四川文艺出版社，2020.7（2022.1重印）
（成都·成华历史人文丛书）
ISBN 978-7-5411-5715-8

Ⅰ.①猛… Ⅱ.①刘… Ⅲ.①城市道路—成都—通俗读物 Ⅳ.①K927.11-49

中国版本图书馆CIP数据核字(2020)第073103号

MENGZHUIWAN

猛追湾

刘云奇　著

出品人　张庆宁
责任编辑　陈雪媛
封面设计　叶　茂
内文设计　叶　茂
责任校对　段　敏

出版发行　四川文艺出版社（成都市槐树街2号）
网　址　www.scwys.com
电　话　028-86259287（发行部）　028-86259303（编辑部）
传　真　028-86259306

邮购地址　成都市槐树街2号四川文艺出版社邮购部　610031
排　版　四川胜翔数码印务设计有限公司
印　刷　永清县晔盛亚胶印有限公司
成品尺寸　157mm×235mm　开　本　16开
印　张　14.25　字　数　230千
版　次　2020年7月第一版　印　次　2022年1月第二次印刷
书　号　ISBN 978-7-5411-5715-8
定　价　42.00元

《成都·成华历史人文丛书》编写机构人员名单

专家和顾问委员会

（按姓氏拼音为序）

专　　家：陈世松　傅　恒　林文询　谭继和　肖　平

顾　　问：阿　来　艾　莲　陈廷湘　冯　婵　梁　平　袁庭栋

总编辑部

主　　编：张义奇

执行主编：蒋松谷

副 主 编：刘小葵

美术指导：陈　荣

《成都·成华历史人文丛书》编写机构人员名单

总序

成华区作为成都历史上独立的行政区划，是从 1990 年开始的，它是一个非常年轻的区。但是成华这块土地，作为古老成都的一个重要组成区域，则有着悠远的历史与深厚的文化根基。

“成华”区名，是成都县与华阳县两个历史地理概念的合称，而成都与华阳很早就出现在古代典籍中。《山海经·大荒北经》中曾有“大荒之中，有山名曰成都载天”的记载，有学者据此认为，成都可能是远古时候的一个国名，或者是古族名。华阳之名也一样历史悠久，《尚书·禹贡》云：“华阳黑水惟梁州。”梁州是上古的九州之一，包括今天川渝及陕滇黔的个别地方，华阳即华山之阳，是指华山以南地方。东晋常璩所撰写的西南地方历史著作《华阳国志》便以地名为书名。唐代开始，地处“华山之阳”的成都平原上便有了华阳县，也从此形成了成都市区二县共拥一城的格局。唐人李吉甫在地理名著《元和郡县图志》一书中，对成都与华阳做了更进一步的记载：“成都县，本南夷蜀侯之所理也，秦惠王遣张仪、司马错定蜀，因筑城而郡县之。”“华阳县，本汉广都县地，贞观十七年分蜀县置。乾元元年改为华阳县，华阳本蜀国之号，因以为名。”由此可见，成都与华阳历史之悠久，仅从行政区域角度看，成都从最初置县至今已有两千三百多年，而华阳置县从唐乾元元年（758）至今也有一千二百多年了。

不仅成华之名源远流长，具有丰富的人文内涵，成华这片土地更是积淀着厚重的历史与文化。可以说成华既是一部沉甸甸的史书，也是一首动人心魄的长诗。这里有纵贯全境且流淌着历史血液与透露着浓烈人文气息的沙河，有一万年前古人类使用过的石器，有堆积数千年文明的羊子山，有初建成都城挖土形成的北池，有浸透了汉赋韵律的驷马桥，有塞北雄浑的穹顶式和陵，有闻名宇内的川西第一禅林，有道家留下的浪漫神话传说，有移民创造的客家文化，还有难忘的当代工业文明记忆，还有世界的宠儿大熊猫……

成华有叙述不尽的历史故事。

成华有百看不厌的人文风景。

成华的历史是悠久的巴蜀历史的一部分；成华土地上生长的文明是灿烂的巴蜀文明的重要组成部分。

为了把这耀眼的历史文化集中而清晰地展现给人们，同时也为后世保留一笔珍贵的精神财富，中共成华区委和成华区人民政府立足全区资源禀赋和现实基础，将组织编写并出版“成都·成华历史人文丛书”纳入“文化品牌塑造”工程的重要内容之一。由成华区委宣传部、成华区文联、成华区文旅体局、成华区地志办等单位牵头策划，并组织一批学者、作家共同完成这套丛书，包括综合卷与街道卷两大部分，共计二十册。其中综合卷六册，街道卷十四册。综合卷从宏观的视野述说沙河的过往，清理历史的遗迹，讲述客家的故事，描写熊猫的经历，抒写诗文的成华，回眸东郊工业文明的辉煌成就。街道卷则更多从细微处入手，集中挖掘与整理蕴藏在社区、在民间的历史文化片断。

历史潮流滚滚前行。成华作为日益国际化的成都主城区之一，随着城市化进程的深入推进，对生活在成华本土的“原住民”和外来“移民”，更加渴望了解脚下这片土地，构建了积极的文化归宿。此次大规模地全面梳理、挖掘本土历史，并以人文地理散文的形式出版，在成华建区史上尚属首次。这既顺应了群众呼声、历史潮流，又充分展现了成华人的文化自觉和文化自信。

“成都·成华历史人文丛书”是成华人对成华悠久历史、深厚文化的一次深邃的打量，更是成华人献给自身脚下这片土地的一份深情与厚爱！

书籍记录岁月，照亮历史，传播文化。书籍是人类精神文明的载体，中华数千年的历史文化传承，书籍功莫大焉。如今，中国人民正在追求民族复兴的伟大梦想，通过书籍去回顾历史、展望未来，乃是实现这一复兴之梦的重要路径。

身在“华阳国”中的成华人，也有自己的梦。传承悠久的巴蜀文明，弘扬优秀的天府文化，正是我们的圆梦方式之一。

这便是出版“成都·成华历史人文丛书”的宗旨和意义之所在。

张义奇　蒋松谷

序

猛追湾，位于成都东北部，原指府河在此陡然转向形成的近九十度的“乳突形”湾口。

猛追湾街道办事处成立于1982年，时属成都市东城区，1991年划归成华区。2003年7月，成华区区划调整，原猛追湾街道与原望平街街道成建制合并成新的猛追湾街道。

猛追湾街道位于成华区西南部，东以一环路东一、二、三段外侧沿石为界，与建设路、新鸿路、双桥街道接壤；南以蜀都大道东风路北侧沿石为界，与锦江区水井坊街道为临；西以府河（现称锦江）河心为界，与锦江区书院街街道隔河相望；北至府青路，与金牛区曹家巷街道相连。街道辖区南北长约3.3公里，东西宽约0.6公里，幅员1.68平方公里。截至2010年底，辖望平、祥和里、建华、东街、新兴、石油6个社区。

猛追湾因紧邻迎晖门，故在20世纪初，此处便是成都东门重要的水陆交通枢纽。自20世纪50年代始，由于众多工业企业落户东郊，而猛追湾又连接着武成门桥、新华桥和红星桥，故此处更成了连接中心城区与东郊老工业区的重要通道。以滨河路，猛追湾街，一环路东一、二、三段所组成的“三环”，以及府青路、建设路、建设北路、新鸿路、双林路、玉双路、蜀都大道所组成的“七纵”，组成了猛追湾四通八达、迅捷便利的交通路网体系。

这里有地标古迹。望平行船仍犹在，天祥记忆今尚存。锦绣天府塔高标天际，塔下府河沿岸，特色酒楼、酒吧、餐饮店聚集，为成华区重要的美食娱乐聚集地。

这里有时光记忆。从20世纪30年代在此修建兴业水力发电厂开始，工业文明就在此处埋下了伏笔。69信箱、82信箱、汽车修配厂、木材加工厂、人民纸箱厂等厂的厂区和宿舍区纷纷建成。华联商厦的落成，更让猛追湾成为那个时代的城东商业中心。

这里有四院三司。西南电力设计院、中测技术研究院、十一设计研究院、建筑材料设计院、中国石油西南油气田分公司、川庆钻探工程有限公司、雅砻江流域水电开发有限公司共同组成了猛追湾重要的总部企业生态群，它们不仅仅是成华区重要的经济支柱企业，更是各行业的佼佼者乃至领军者。它们的发展历程既有坎坷艰难，亦写下了无数的辉煌篇章。

这里有群英荟萃。从革命前辈，到文化精英；从曲艺名家，到体育明星。在猛追湾这片热土上，有太多生动的人生和传奇的故事或从这里开始，或于这里落幕，或在这里延续着。

这里有市井故事。这里的食坊，留下了多少麻辣鲜香的舌尖记忆；这里的茶社，说道了多少世事浮沉的故事传闻；这里当年的东郊游乐园，又铭刻了多少欢声笑语的精彩时光。因为这份市井的烟火气，这里的历史便将留下余温。

借蒋松谷先生之语，曰：“猛追势猛，终成其华！”

成都市成华区猛追湾街道示意图

（截至2019年10月）

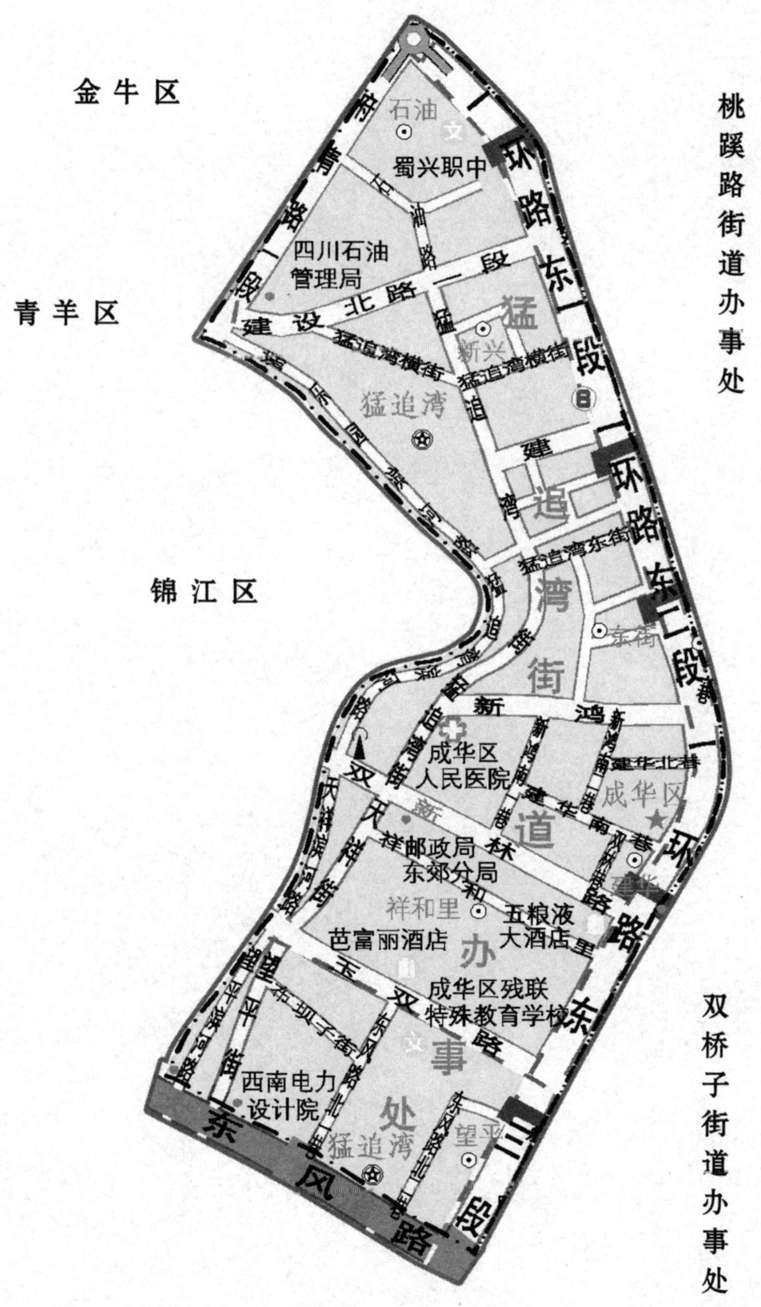

目录

地标古迹

古城开出猛追湾

府河、南河，是成都市境内两条主要水流，皆为岷江支流。

岷江发源川西，行至都江堰，被堰口强行向东、南两个方向分流。其中向东的几条支流中，走马河经聚源、崇义、安德至春台村后易名为清水河；清水河又经永宁，过黄田坝，西入成都，向东南而去，称南河；而向东的另一条支流——柏条河，经胥家、天马、唐元、三道堰后，在石堤堰分流为毗河和府河，府河经团结、安靖，从九里堤北入成都，过五丁桥后，同向东南而去……行九里，忽逢一大湾，经此大湾，河道陡然改向，竟以近九十度角折冲西南，从而得以在合江亭处与南河重聚，汇成府南河，后一路南下，最终重汇岷江。

若从现代地图上俯瞰此大湾，其形恰如乳突状。据久居此处的当地人口述，仅在20世纪初，湾中水流仍相当湍急，不时溺毙在此渡河游水之人。早年间，此处河边常为老百姓放猪之地，又据坊间传说，河中有母猪精行凶杀人，故称为“母猪湾”或“母猪沱”，而后大概因其名不雅，遂以谐音更名“猛追湾”。

除此之外，“猛追湾”之得名，尚有另外两种说法。

第二种颇具演义色彩——传说明朝末年，张献忠攻入成都后屠城泄愤，因其太过残暴，被大慈寺和尚怒起伏击，和尚居然得胜，又一路“猛追”张献忠军队到此湾口，故此湾得名“猛追湾”。

细究此说，当然漏洞百出。虽然据江口沉银等大量考古发现证明，张献忠确曾屠城，但张献忠是否和猛追湾有关系，至今并没有任何确凿的历史证据。

至于第三种说法，甚为简洁明了——说“猛追湾”一名的由来，是因唐朝高骈筑罗城。据《成都城坊古迹考》记载，唐朝高骈修罗城时，曾将府河此段改道，使其围城而行，以为护城河。据说，此后众多船一行到此便急转回旋，相互间呈现出猛烈追赶之势，故此处才得名“猛追湾”。

如今，猛追湾一段的府河之水静静流淌，再难重见当年水上行船、你追我赶的场景，但细细看去，此湾确乎弯曲得不那么自然平常，故而不少巴蜀文化研究者认为，猛追湾的形成，在极大概率上与高骈修罗城有关。

高骈，唐朝名将，祖籍渤海蓚县（今河北景县），先世乃山东（太行山以东）汉族名门渤海高氏。高骈一生战功卓著——伐吐蕃、平安南、征南诏、剿黄巢。乾符元年（874）冬，高骈奉命前往西川征南诏，发步骑五千追敌至大渡河，杀获甚众；乾符二年（875），高骈出任成都尹、剑南西川节度使，进检校司徒，封燕国公；乾符三年（876），高骈筑成都府罗城，加驻重兵，加强防御，此后南诏不敢再犯，几年内蜀地较安。

据《成都城坊古迹考·城垣篇》记载，秦并蜀后，派张仪、司马错筑太城（府南城），次年，张仪在太城以西筑少城（府西城）；至唐代，高骈修罗城，将两城包于罗城之内，此格局一直延续到近代。高骈筑城时，又在城西北修建縻枣堰堤，使南流的郫江改道东流。

▲ 猛追湾湾口全景　刘云奇摄

经縻枣堰堤分流的江水，一支从罗城西北穿城而入，并从城东南流出，成为城内重要水源；另一支沿北面城墙东行，至城墙东北角沿拐角折返后，又沿东面城墙南行，并最终在城外东南角与其他两江汇流，向南而去。再将古地图与现代地图稍作对照，我们不难发现，江水在成都古城东北角拐出的九十度急湾，应该正是如今的猛追湾。

那么，如今猛追湾其形所呈现的乳突状，又是从何而来？据张义奇、刘小葵等文化学者提供的信息，将此事的线索指向了抗日战争时期。

抗日战争期间，日军曾对成都进行多次轰炸，其中有详细史料记载的共16次。从1938年11月8日至1944年12月18日，在长达6年零40天（共2230天）的时间里，日军先后对成都进行了31次大轰炸①，而在1939年11月4日所发生的成都东北角空战，更让抗战老兵刘景轼终生难忘。

至今，在建川博物馆川军抗战馆内，还陈列着一件极其珍贵的文

① 蒋超：《成都大轰炸受害者携十多公斤案卷控诉日军暴行》，《成都商报》2014年10月23日。

物—— 一架日军战机的铭牌。2015年7月7日，时年九十七岁高龄的刘景轼老先生来到博物馆，在此日军战机铭牌前久久伫立，慢慢回忆起了当年的场景。以下回忆文字摘自发表在2015年7月20日《成都商报》上由马天帅撰写的《成都老人捐赠珍藏60年梳妆台，留有日军轰炸痕迹》：

1939年，时年二十一岁的刘景轼任战时四川防空司令部监视队副队长、防空协导委员会总干事、四川省航空委员会参谋室参谋、陆军335师参谋长。

“我们当时驻扎在成都支矶石公园。当时城墙还在，我们在城墙下挖的防空洞里，和成都空军第三司令部联署办公……我记得清楚，1939年11月4号，在（成都）东北角打空战……一群日军战机来轰炸，指挥部下了作战命令，空军和各制高点的炮兵都参与了战斗……”

战斗在中午十二点打响。刘景轼部下的飞行员们驾驶飞机在成都东北角与日军敌机激烈作战。中午一点左右，空战战场逐渐转至太平寺机场附近，四五十架战机相互追逐盘旋，展开了混战。我军飞行员将战机拉升至云层高处，接着俯冲下来用机枪扫射敌机，忽然，敌机开始剧烈晃动，机身冒出大火，滚滚浓烟，并向简阳仁寿的方向坠落。地面上，见此情形的成都居民相继跑出屋外，人们群情振奋，激动得大喊大叫。

刘景轼的回忆，非常清晰地再现了1939年11月4日的那场激烈的成都东北角空战，而据猛追湾当地居民回忆当年老人们的说法，猛追湾所呈现的乳突状，似乎确与这场空战有关。

“听老人说，当时猛追湾那一截的河道是沿到城墙拐角的，后来日本飞机好几次来轰炸，把猛追湾的河道炸变形了，就成了现在这个样子……河里头都是深坑，当年人们习惯叫它母猪沱……”

“沱”字，据《说文解字》的解释，乃“江别流也。出岷山东，别为沱”。其特指岷江的支流——沱江。又据百度词条显示，“沱”字从水，从它。“水”指“水流”，“它”指“蛇行”，“水”与“它”合起来，表示“蛇形游走的水道或水流”。这一点，与猛追湾的乳突形状非常契合，而或因当年日军轰炸形成的湾内深坑，使水流趋于平缓，故久而久之，当地人渐称之为“沱”。

至此，我们已大致对“猛追湾”的地名由来、水道形成以及其特有形状，连同水流速度变化的形成都有了较为细致的研判，而新中国成立后，猛追湾作为成都东门的门户，更对沿河两岸的居民起着至关重要的作用。

20世纪中期，成都市主体分为三区——分别为环绕成都的金牛区，以及金牛区内部从东西向划分出的东城区和西城区。1990年，成都主城区调整为锦江、青羊、金牛、武侯、成华五个区，俗称“五城区”，其中成华区离市中心最近的区域便是猛追湾。猛追湾街道东以一环路为界，南以蜀都大道东风路为界，西以府河为界，北以府青路为界。如果把成华区的形状大致比喻为一个从市中心向外发散的扇形，那猛追湾所处的就是“扇把”的位置，好比“成华之心”。

20世纪50年代初，成渝、宝成两条铁路相继通车，更突显出成都在中国西部的战略枢纽地位。“一五计划”后，国家工业大力向成都布局，苏联援建的八个工业项目落户成都东郊。红光、宏明、光明、锦电、国光、川棉、前锋等二十九户大中型工业企业相继落成，其中大部分是军工企业。

沧海桑田，转瞬之间。在十几年前尚被日军战机轮番轰炸的猛追湾，一扫当年的萎靡，精神一振，跃然归入了中国西南方重要的军工业重地。全国各地军工业人才在国家的号召下，源源不断地向中国地图上这么小小一点上聚集，于是，一排排军工厂拔地而起，一座座家属院累累相邻，阡陌交通，鸡犬相闻，日出日暮，鼎沸人声。猛追湾静候了上千年的时光，终于得到了历史的垂青，迎来了天赐予之的独有的繁华。

如前文所述，猛追湾位于老成都城东北角，西通市内，东连东郊，地处两地相连的交通要冲，但由于从东面入成都城只能走迎晖门或武成门，而这两道城门离东郊都有一段距离，于是在中华人民共和国成立初期，猛追湾上又有两座木桥跨河而起，其中靠北一座名为“一号桥”，靠南一座名为“二号桥”。

因一号桥、二号桥的建成，东郊和市内往来更为便捷，渐渐地，河中渔舟过，桥头车马来，沿湾两岸新增了农户，新摆了茶摊；沿河兴建了69信箱、82信箱宿舍区；星罗棋布的有兴业水力发电厂、成都贸易公司、成都中药厂、成都木材加工厂、成都丝绸厂、人民纸箱厂……枪炮声去，锣鼓声来，川剧少年队将蜀中川剧的火种在此种下；惊呼声去，欢呼声来，东郊体育场和游乐园的建成，让猛追湾成为东城区的文娱中心。有天府熊猫塔，高标天际；又有四院三司一行，通达九州。

这里有下里巴人，这里有文化精英；这里有士农工商，这里有革命老兵；这里有生旦净末，这里有体育明星；这里有水陆交通生意闹，这里有松林茶摊人语轻……这里群英荟萃，璀璨繁华。

烟火人间三千年，成都上下猛追湾。

城东三桥并一环

秦惠王时期，张仪始筑成都城。汉袭秦制，至魏晋南北朝时期仍未有变。唐代，高骈筑罗城，其格局为后世所承。五代时期，后蜀末代皇帝孟昶于宫苑城上遍植木芙蓉，百姓效仿，亦在城内种芙蓉无数，至花开时节，城堆锦绣，故得名“蓉城”。宋、元两朝，城墙仅有修缮，至明朝时，又在宋、元两朝的旧址上重修城墙。明末，战乱频繁，城墙多被损毁，直至康熙年间，又在明城废墟上重建清城。乾隆四十八年（1783），据《成都县志》记载，四川总督福康安又奏请“银六十万两彻底重修成都大城，周围四千一百二十二丈六尺，计二十二里八分，垛口八千一百二十二，砖高八十一层……四门城楼高五丈……”同时又效法后蜀故事，在城外遍种芙蓉，间种桃柳，以为盛景。

清朝时，成都东门名迎晖门，俗称老东门，门开城墙东偏南处，位置即如今的东门大桥西侧桥头。门上修有溥济楼，楼高五丈，壮丽非常。登楼望江——清晨，行船悠悠，号子声回荡于薄雾；黄昏，渔火点点，酒菜香缭绕于浅滩。

辛亥革命后，又在迎晖门以北增开了一门，俗称新东门，又称武成门。关于“武成”之名的来历有两个说法——一说取自《左传·成公十一年》，取“秦晋为成”之意，以盼停战求和；另说取自《尚书·武成》，取“偃武修文”之意，以望休养生息——两种说法异曲同工，都体现了在当年军阀混战的历史背景下，人们希望止戈息武的愿望；另还有一说法，说当时守备成都的游击、都司衙门都设在城中，并在这条街上设有分理机构，故称此街为武（装）城（防）大街[①]，但若按此说法，当时的街名应为"武城"而非"武成"，故此种说法存疑。

1915年，当时的市政当局决定在武成门外建一座砖石拱桥，后因资金缺乏作罢，终在川剧班社"三庆会"首任会长杨素兰的资助下于1927年建成，称"新东门大桥"。1947年，此桥被洪水冲毁，1949年复修，1970年改为钢混结构，1997年，成都市地名委员会将之正式命名为"武成门桥"。

民国时期，新东门大桥因连接武成门，理所当然地成为成都东部行人和货物的聚集地；就水路而言，此地又北接郫县、都江堰，南通眉山、乐山，东连重庆、万州，故又是城东重要的水路运转码头。

抗战结束后，或因战争损毁，或因私自开凿，成都城墙上多出了许多缺口，至此，古城墙作为城防治安的地理屏障作用早已荡然无存。

至20世纪50年代，老城墙仅剩断壁残垣，城内、城外之分，仅凭老百姓心中依城墙故址而划。从这个时期开始，大量军工厂落户东城外，"东郊"渐渐成为城东工业集中区的代名词。20世纪50年代，成都市政府为连接东郊和市中心，规划在猛追湾上修建两座木桥，其北一座名为一号桥（红星路建成后，更名为红星桥），其南一座

① 吴世先主编：《成都城区街名通览》，成都出版社，1992年。

名为二号桥（新华大道建成后，更名为新华桥），因为两座桥连接着东郊军事工业重地，故1954年前后两桥建成时，桥头还常年竖有“外国人未经许可不准超越”的告示。后因两座桥常被大水冲毁，在1961年前后改为钢混桥。

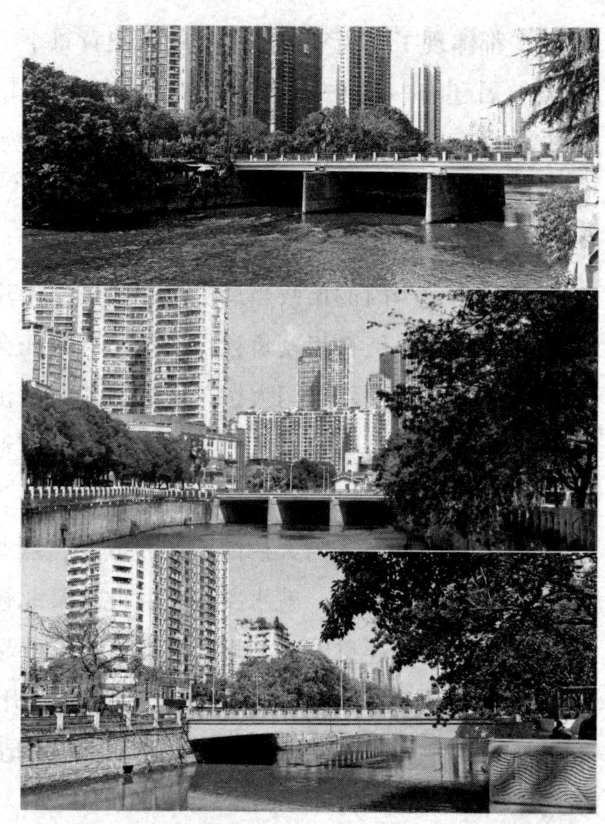

▲ 从上至下，分别为红星桥（一号桥）、新华桥（二号桥）、武成门桥（水东门大桥）。 刘云奇摄

用编号为桥命名，也算得上是一种“东郊记忆”。东郊的工厂，多是国家大型重要军工厂，出于保密考虑，每个工厂一般都有三个名字—— 一是厂名，一是厂编号，另还有通信编号。比如宏明无线电器材厂，厂编号称“715厂”，通信编号称“82信箱”；又如国营新兴仪器厂，厂编号称“719厂”，通信编号称“69信箱”；笔者出生地所在的“253信箱”，厂编号为“745厂”，厂名最早是国营西南专用材料厂，后改

为成都东方电子材料总厂，企业改制后，最终改为成都虹波实业股份有限公司。

一号桥、二号桥，加上武成门桥，这三座桥成了东郊和市区之间的主要通道。每逢周末或节假日，东郊居民大多经此三桥进城。当年所谓的成都本地人，多是湖广填四川而来的南方人；而当年的东郊人，很多是来自河北、山东、东三省的北方人，所以东郊人进城，无论是走亲访友、品茶听戏、游园观花、赶集购物，更多带有“人文交流”的属性。可以说，从东郊到市中心，正因这三座桥的连通，才愈发促进了南北方文化相互理解、相互包容、相互重构、相互融合，并汇流入了鲜活生动、开放多元的现代成都文化。这就好比新川菜，既保留着豆腐肺片，又开发着海参鲍鱼，不拘成见，自然大成。时至今日还常有人问：成都地处四川盆地，为何文化如此亲和包容？其实原因有三——第一，世称天府，民富，故不争；第二，梳理历史，成都实乃移民城市，居民来自五湖四海，更当以和为贵；第三，成都地处盆地，交通不便，对新文化、新知识渴求的背后，体现的恰恰是一个城市的自省和忧患。

基于这种自省和忧患，当成都人意识到“往者不可谏”之时，就把精力放在了“来者犹可追”之上。从内环为始，1986年，在内环外建成了一环；1993年，修成了二环；2001年，绕城高速通车；2002年，在绕城内增修三环；2013年，在二环路上建成二环高架；2015年，建成二绕；预计2020年，三绕通车。从成都市中心向外数，从内环到一环、二环、二环高架、中环（二点五环）、三环、绕城、二绕、三绕……从老成都城墙的兴建和消亡，到新成都环线的向外拓展，恰似中国从闭关锁国到改革开放的一个缩影。

目光再次聚焦到猛追湾，1986年一环路的建成，让猛追湾从陆路直接连接上了成都南北两端。从猛追湾出发，沿一环往北，是电子科大、北门车站、荷花池、火车北站；往南，便是九眼桥、川大、人民南路、华西医院，交通十分便捷。以致成华区区政府办公大楼在兴建时，直接选址在猛追湾内的一环路东三段上。

三桥连通东西，一环纵贯南北，迄今为止，这三桥、一环，都彰显着猛追湾在成华区的重要地位。

天府熊猫塔通天

沪蓉高速连接上海和成都，为中国东西向重要的交通干道。由沪蓉高速东入成都，一条直路向前，还未到猛追湾，就可遥见大道的正前方镇立着一座高标天际的电视塔，这就是成都市最为显耀的地标——天府熊猫塔。

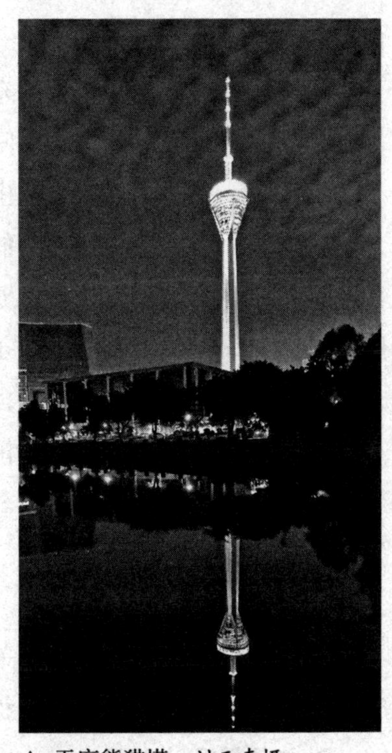

▲ 天府熊猫塔　刘云奇摄

天府熊猫塔塔高339米，是中国西部第一高塔。塔体共分三个部分：第一部分为塔基，最底部有四根基座，暗指四川的四条河流；基座从四个方向向中心延伸汇聚，形成塔基主体；此部分从任何一个角度看去都可见明显的“川”字形，并和四根基座连同象征着“四川”；塔基部分高度占塔体的百分之七十左右。第二部分为塔顶，呈漏斗形，分成肉眼可见的六层，暗合《易经》中的乾卦，代表四川人“天行健，君子以自强不息”的精神；塔顶部分高度占整个塔体不到百分之十。第三部分为塔尖，乃六根上下连接的柱状信号发射天线，象征上达于天；这部分高度占整体的百分之二十左右。塔尖、塔顶、塔基，三者寓意天、地、人三才齐备，乃佑四川万事通达，拥有光明未来。

此塔之所以选址在成都东部的猛追湾，除科学论证之外，难免有文化上的考量。

众所周知，为避免白天光线直射，中国自古以来的建筑都多以南北朝向为主，这也确定了中国建筑朝向的大格局。中国古人又按后天八卦将八个方位排序，其中，南方为离位，北方为坎位，西方为兑位，东方为震位。

天府熊猫塔屹立在成都的东方，正落在震位之上，这也符合中国传统文化中对于地理和建筑之间关系的理解。另外，塔的主色调采用了红白两色。在中国传统文化中，红色属火，白色属金。烈火炼金，金又生水，而塔下恰是猛追湾的一湾碧水；塔为土建，周围绿树葱茏环绕，由此金木水火土齐备，五行俱全。夜幕时分，远远看去，天府熊猫塔状如一支通天火炬，镇守着成都的东方，照亮了整个蓉城。

天府熊猫塔虽为成都盛景，但说起它的建成史，可谓命运多舛。

1982年8月，四川省广播事业局党组做出了扩建四川电视台和新建四川电视台发射基地的决定。很快，国家计委将此项目列入了四川省的重点建设项目。

四川省广电厅从厅机关、电视台、电台抽调人员，成立了电视塔筹建处，时任四川电视台技术播出部主任的许建华就是在那时被抽调了过去。

电视塔筹建处完成了高塔的选址定点工作，并完成了可行性研究报告和方案设计。1985年，因为当时四川省要上的项目太多，电视塔项目缓了下来。

“当时的筹建班子很不甘心，就想通过引进资金的方式来建设电视塔。”许建华说，从1987年开始，他们与美国百事可乐公司进行“引进百事可乐一揽子计划”的洽谈，准备走引进外资兴办企业筹资建设电视塔的路子。这一引就引了五年，终于组建了四川百事可乐灌装厂，但因为企业盈利有较长的过程，最终未能为电视塔提供建设资金。1990年，他们开始争取日本赠款修建电视塔，但也未能成行。

时间一晃就到了1991年。“那是1991年11月1号下午。”对于这个时间，许建华记得非常清楚，那天下午，相关部门召开关于兴建四川广播电视塔的会议，决定重新继续新建电视塔工程。

当时的省广电厅随即再次对电视塔进行了可行性研究、方案设计。1992年8月，电视塔的可行性研究报告评审、方案设计通过，当年12月28日，孕育了九年的西部第一高塔正式破土动工。

然而，在电视塔破土动工仅半年后，1993年6月30日，电视塔项目的性质由以广播电视传输为主，改为经营开发为主，资金来源由国家拨款为主，改为了多渠道集资（包括引进外资）为主。“政府不再拨款，这就相当于给电视塔断奶了。”许建华表示，此前，电视塔获得的政府拨款约一千八百万元，从那之后，电视塔的建设资金就只有靠从社会上找，当初的预算是三亿两千万元（如今电视塔投资近三亿元），电视塔的整个运作制度都被逼着发生改变。为了利用电视塔招商引资和开发经营，1994年4月18日，“四川省川塔发展总公司”正式注册成立，找了国内国外上百个大公司，但由于种种原因都无着落。1995年底，电视塔因为后续资金不足，停了下来。

“不停地筹措资金，不停地碰壁，当时真的很艰难，但好在大家都有把塔建起的坚强信念。”许建华说，1997年，电视塔建设指挥部找到了一家省内民营企业，由这家公司出一部分资金，筹够了一亿元的资本金，成立了“四川省川塔诚兴实业有限责任公司”；同时，政府还发动机关企事业单位及个人捐款，据一位在省直机关某报社工作的编辑告诉记者，他个人就曾经两次从工资中扣除过认捐款。于是当年8月，电视塔得以复工。1998年，又争取到四川省工商银行一亿五千万元贷款和省农行三千五百万元贷款，电视塔建设的大部分资金得以解决。到了2000年，电视塔就进入连续施工的阶段。

但在2004年前后，电视塔又遇到资金困难。在这种情况下，由于争取到施工单位、设备供应商的支持，工程得以继续建设，直到2006年10月17日竣工。[①]

从1982年立项，到2006年基本建成，若算上至今还在继续的配套项目的建设，天府熊猫塔城市综合体的修建，总共花了三十八年的时间。试想一下，若一个人从二十二岁大学毕业参加工作开始建塔，到

① 陈国忠：《23年，四川电视塔这样“炼”成》，《成都商报》2006年10月18日。

现在基本建成完善，他已经即将退休，这几乎就是他一生的工作。

至于天府熊猫塔的命名，也历经了一番曲折。

最初，出于实用性考量，该塔被命名为“四川电视塔”，简称“四川塔”；后来因建成高度达339米，其配套城市综合体名为“339”，故民间百姓又常称其为“339电视塔”；2014年，通过各大媒体向社会有奖征名，11月8日，该塔更名为“锦绣天府塔”；2018年，再次更名为现在的“天府熊猫塔”。

如今，买一张七十元的门票，就可乘坐电梯来到天府熊猫塔的顶部。天气晴朗时，站在塔顶环视四周，整个成都市一览无余，甚至还可以遥望到远处的西岭雪山。当年李白写有“危楼高百尺，手可摘星辰”的佳句，杜甫也有“窗含西岭千秋雪，门泊东吴万里船”的名篇，巧合的是，两人相会之处恰在成都。如今，在天府熊猫塔塔顶上，仰可观星河灿烂，远可望绵延雪山，不知若诗仙、诗圣尚在，又将寻得如何奇幻瑰丽、鬼斧神工的诗篇。

2019年，天府熊猫塔的塔底食肆众多，酒肆林立，人潮攒动，热闹非凡。有SPACE酒吧、二麻酒馆，有川菜火锅、日料西餐，有自然博物馆、卡丁车馆、射箭馆，有游戏厅、KTV、电影院。新春时，还有音乐会、灯会和一年一度的焰火秀表演。

天祥寺毁难再见

天祥寺旧址位于与天祥街相接的望平街街口，即如今天祥大厦的所在地。

据传说，天祥寺最初名为金贤寺，后更名为天祥寺。[①]据《华阳县志》记载，“天祥寺于东城外里许，明万历二十二年（1594）建，康熙四十九年（1710）重修，嘉庆十七年（1812）增修”。民国时，寺内厢房多被充作学堂。据1956年5月成都市区道教宫观调查统计表记载，天祥寺有房屋十二间，占地两亩。新中国成立后，天祥寺改为天祥寺小学，并保留着原本的建筑和格局。天祥寺小学门朝西北，门阔约四米，高约三米。门外小街宽约六米，称天祥寺街。街对面是农户，农户屋后是府河。小学四周被

▲ 天祥寺旧址上修建的天祥大厦
刘云奇摄

① 《天祥寺：庙因人改名，街因庙得名》，《方志成华》2019年4月4日。

民房所围，内有院坝，院内屋宇皆为砖木瓦房。当时其正殿尚在，殿内塑有文天祥像。塑像为石质，底座高约半米，总高约两米，四周有木质围栏。“文化大革命”期间，其中屋宇、塑像多被损毁。如今，天祥寺旧址上建成了天祥大厦。

以上，天祥寺的历史已可见大致轮廓，但尚有三个问题非常可疑：

第一，众所周知，道教场所一般以“宫”“观”命名，而佛教场所才多以“寺”“庙”命名，天祥寺既是道教活动场所，为何会称为“寺”？

第二，寺内文天祥的塑像到底是何时所造？名曰“天祥”，到底和文天祥塑像有没有关系？中国自古讲究为尊者讳，中国各地祭祀文天祥的场所都是以文天祥的官职、封号或谥号命名，如“文丞相祠”“文信国公祠”“文忠烈公祠”，另有一些地方将文天祥与孔子合祭于“孔庙”或“文庙”，或与陆秀夫、张世杰合祭于“三忠祠”，为何唯独此处直接用其名字命名？此非常规的做法，让人不得不怀疑天祥寺寺名的由来另有原因。

第三，如果天祥寺确是以文天祥的名字命名，但文天祥既不是成都人，一生也从未到过成都，生平事迹和成都几乎没有任何关系，为何成都人会建寺祭祀文天祥？

关于第一个问题，道教场所不称“宫”“观”，而称为“寺”，其实并非偶然。据1949年的统计数据，成都的四十一座道教宫观中，除天祥寺称“寺”而外，尚有九真寺（神仙树）、太平寺（红牌楼）、法华寺（望仙场）、莹华寺（铁门坎），皆称为“寺”；此外，还有四个观音阁（字库街、十二街、大田坎、王家塘）、观音祠（小天竺）、弥勒庵（西马道街）等，其名称都具有明显的佛教特征，但也都属道教宫观。由此可见，取佛教之名而为道教之地者，实属常见。若深究其中缘由，大致或有三类原因：

其一，佛道相争。佛教虽自汉朝便传入中国，但历朝历代的统治阶级大多崇道抑佛，而在民间，佛道相争的事情也屡见不鲜。在《西游记》《儒林外史》等名著中，都有佛道两家相互争地盘的桥段。和尚建寺，后归道士所有，道士建观，后为和尚所占者，盖为常事。

其二，历史变迁。在古代，各寺院人口并不如当今之众，很多寺庙宫观往往仅有一二人驻守，若逢战乱、饥荒、瘟疫，常常人去楼空，待后来空房为他人所用，也并不稀奇。

其三，顺应民情。中国民间的宗教信仰从来都是高度实用主义的，也是高度世俗化的。如易中天所说，中国民间宗教场所里往往是“一个平台，几套班子”——求金榜题名，有孔夫子像；求发家致富，有文武财神像；求天降甘霖，有四海龙王像；求远离灾厄，有观音菩萨像；求早生贵子，有送子娘娘像；求土地丰收，有土地公公像……故而在民间，大家往往是“同进一座庙，各拜各的神”，至于其到底称作“寺”“庙”还是“宫”“观”，其实寻常百姓并不太在乎。据当地人回忆，当年天祥寺内“不仅有文天祥塑像，还有各种菩萨塑像”，由此可见一斑。

关于第二个问题，天祥寺是否是以文天祥的名字命名——虽然寺内确有文天祥塑像，但此论点仍值得高度怀疑。

首先，在中国古代，兴建寺庙绝非易事，不仅要消耗大量的财力、物力、人力，而且往往会成为一时之盛举，被一方官民隆重对待。天祥寺建寺即使不是官造，也必有当地豪绅或文人士大夫牵头，这些人怎可能直接以文天祥的名字命名寺庙？故而寺内文天祥塑像必是后人所建，寺名“天祥”，也必是源于民间，这也从侧面印证了天祥寺原名金贤寺的传说。

其次，还有第二种可能，就是寺名从建寺时就叫“天祥寺”，但仅仅取“天降祥瑞”之意，后人因天祥寺和文天祥同名，才在寺内塑造了文天祥像。天祥寺背后原是“高坟坝”，是行刑斩首的场地；寺外东北角有“白骨塔”，也是收纳尸骨的地方，据当地人说，当年修房挖地基时，曾挖出无数白骨并用车运走，当年很多人走夜路都不敢从此经过。20世纪五六十年代尚且如此，何况更早——中国古代从官方到民间都十分迷信，以至于建寺镇魂，并以“天祥”命名，都在情理之中。回头再次细思《华阳县志》里的记载：“天祥寺……明万历二十二年（1594）建，康熙四十九年（1710）重修……”康熙年间重修，说明明代所建寺院几乎已完全毁坏。明末清初，成都乃至四川遭受的最大的劫难莫过于“张献忠屠川”，甚至猛追湾地名的由来都还保留有“大慈寺和尚勇猛追击张献忠军队于此”的传说，故天祥寺最初被毁坏，也许就是在明末。张献忠军和清军在四川拉锯作战，由于战争频发，成都多次被屠城，最后民死城空，才有了后面的“湖广填四川”。老百姓害怕入侵者，在寺中塑文天祥塑像以期盼救国救民的英雄出现，也是理所当然。

综上所有，笔者做出大胆推测——天祥寺始建于明朝，最初名为金贤寺，应为佛家寺院。明末战乱，成都人口凋敝，寺中和尚或逃或死，寺院被毁。其后，有道士入驻金贤寺，为安葬尸骨震慑亡魂，改寺名为天祥寺。康熙年间，重修寺院，沿用天祥寺之名，为道家活动场所。至于寺中文天祥塑像的建造时期，第一种可能，是湖广填四川后，文氏后人大量归蜀，文氏宗亲出于对祖上先人的崇拜，便在寺内塑造了文天祥塑像，若此，塑像有可能修造于清前期；但另一方面，众所周知的是，清王朝当年因属“外族”，为淡化民族对立的色彩，故而官方只推崇关羽为忠，直至清中晚期，外国列强入侵华夏，清王朝才开始渐渐推崇文天祥，那么这个时期在寺内塑文天祥像，也是一种可能。

因以上推测，在笔者看来，人言“川人亲切，将祭奠文天祥的寺庙命名为天祥寺”的说法，纯属无稽之谈。从逻辑上讲，应是先有天祥寺名，后有文天祥塑像。

由此说到第三个问题——文天祥既非成都人，生平也和成都无关，为何成都寺中要对其塑像祭奠？关于这个问题，也许不仅有清末历史背景的原因，还和文氏一脉与成都的渊源有关。

文天祥，本名云孙，被选中贡士后，换以天祥为名，道号浮休道人、文山，吉安府庐陵（今江西吉安富田）人。文天祥狱中手书《纪年录》补疏的文字中言道：“庐陵文氏来自成都。”又有文天祥所写《先君子革斋先生事实》中言道：“先君子尝考次谱系，文氏繇成都徙吉。”另有《跋李氏族谱》中，文天祥为李氏所写谱序一篇，其中言道“予家本石室，盖无可疑”。此三篇文章皆存于《文山先生全集》中，可见文天祥的先祖，乃汉循吏文翁之后。后世关于文姓起源，有源于文王之说，有源于敬仲之说，但“文氏起源于成都，以文翁为宗”之说，盖因文天祥之言。

在江西文天祥研究会编印的一本论文集上，刊有《新发现的文天祥一篇佚文》一文。该文称，在江西丰城筱塘乡《西平李氏宗谱》上，发现有文天祥写的一篇谱序。序中有上文提过的这句话：“予家本石室，盖无可疑。”

为再次寻找这一缕“文脉”，笔者首先在网上查到了2016年3月29日由中新网所刊发的一篇名为“文天祥后裔清明举行文氏宗亲祭祖活动”的报道。据该报道所言，小堰村有一文氏天祥祠堂，在2016年3月27日，“来自四川各地的一百多名文氏家族成员，齐聚成都双流太平镇小堰村文氏天祥祠堂，举行清明节宗亲大会”，而据族人所提供的家谱记载，“从江西迁往四川的文氏家族系南宋文天祥的后裔”。

又据《四川日报》2015年3月30日由记者吴传明撰写的一篇报道：“（2015年）3月29日，来自省内各地近千名文氏家族成员，在成都高新区（双流）太平镇小堰村文氏天祥祠堂举行‘尊宗敬祖，德业辉煌’清明节宗亲大会。”

另外，又有2014年7月23日《四川日报》上的一篇报道《双流太平镇发现文天祥家谱》——

（2014年）7月21日，八十三岁的文成信，在成都高新区（双流）太平镇小堰村文氏天祥祠堂向记者展示他新近发现的两本光绪年间（1875—1908）续修流传下来的文氏家谱，其中一本家谱上记载有南宋杰出民族英雄和爱国诗人文天祥及历代后裔的事迹故事和文氏家族从江西迁往四川的来龙去脉……八年前，文成信为了却儿时文家祠堂记忆，在小堰村文氏家族中经过多方收集、寻找有关文氏家谱和天祥祠堂里的石刻塑像、墙画以及石碑下落。最近，终于找回了九块散落的石碑和两本埋藏在墙角保存完好的文氏家谱……据出生于文家天祥祠堂八十九岁的文金魁老人回忆：从小就看见文家祠堂中塑有文天祥的石刻塑像，石碑上也有记载南宋先祖文天祥的英雄事迹及后裔名册，可惜祠堂和石碑在破“四旧”时被毁于一旦，经过历年变迁，现在只能在这本清末年间流传下来的家谱中才能找到先祖文天祥的踪迹。

据以上三篇报道所提供的线索，笔者于2019年8月16日下午驱车来到双流太平镇小堰村居委会。通过居委会工作人员的引见，笔者找到了文氏的嫡系后人文凯骏。据文凯骏介绍，小堰村本名小堰口，确有大量文氏后人居住在此，而原来此地也的确建有文氏天祥祠堂，只不过，其在建设简阳新机场的土地征用中被拆除。

笔者问及当年祠堂被拆除时可有留下任何碑文匾额，文凯骏只说此事并非经他之手，让笔者去华阳找文氏现任的族长文长安。于是，笔者按文凯骏所提供的地址，在华阳正北中街一家名为“东山豆腐皮”的小餐馆中找到了店主文长安，但据文长安说，若想了解成都文氏的历史，还必须到成都找“文氏宗亲会”的名誉会长——文成信。

闻听此言，笔者大呼万幸——毕竟在2014年就已八十三岁高龄的文成信老人此时依然健在，这对奔波一日而收获甚微的笔者而言绝对算天大的喜讯。

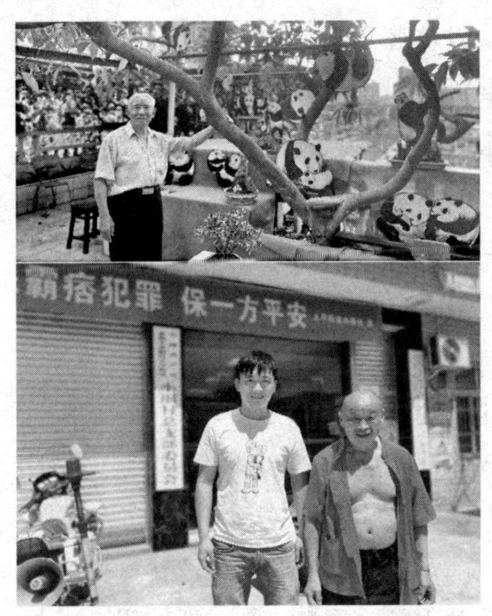

▲ 上图为文成信（成字辈、第三辈）。下图左为文凯骏（德字辈、第二辈），右为文金贵（金字辈、第一辈）。　刘云奇摄

经电话联系，笔者来到老人位于马鞍南路附近的家中。在书房内，老人向笔者展示了其创作的众多书画作品，并特意介绍了其亲手绘制的一幅文天祥肖像。

当笔者问及成都文氏的历史时，老人拿出了一本“丁酉年十九世孙文成信敬撰”的《文氏族谱》，并赠予笔者览读。

据此族谱所录，可以看见“文氏历代昔日开基派”的“五言二韵”文氏字辈的记录：“可应单国有、登启万宗开、崇金德成庆、永远发吉长”。又通过后人增补的字迹可见，单字辈还包括“安、权、相”三字，国字辈包括“正”字，登字辈包括“善”字，宗字辈包括“元”字，开字辈包括“思、绍”二字，崇字辈包括“运”字，金字辈包括“吉”字，德字辈包括“美”字，成字辈包括“崇”字，庆字辈包括“贞”字，永字辈包括“德”字，远字辈包括“礼”字，发字辈包括“纯”字，吉字辈包括“正”字，长字辈包括“禅、景”二字。

又有《贵州省化窝村文氏家谱》记载：“吾族排行字辈据传系由一世祖万倖公由川送来之。族谱中所规定者，原字辈二十字，因最后八字系以八卦编排，是否误传，因无谱可据，不能加以肯定。现经族人同意，决定废去最后八字，重新编入二十字，合计三十二字，如右——万开景运、吉美崇贞、德礼纯正、耀显光临、健飞银汉、英杰超群、星列寰宇、昌盛繁荣。”

整本族谱中，最重要的是咸丰十年（1860）文宗泗所撰的《文氏族谱序》，现抄录如下：

文氏族谱序

从来家之有谱，犹国之有史也。国无史，则制度文（无）为，纪纲法令紊焉罔辨（辨）；家无谱，则木本水源、宗支世派范然无稽按我（哉）。

文氏本虞舜苗裔。舜之后封于陈，历虞、夏、商、周——十有余度，继续犹存。至列国而陈敬仲出其焉。夫敬仲者，有德人也。因遭家不造，抱乐而奔于齐，作乐美善，故孔圣至齐，有“闻韶不知肉味”之叹。

越二百余年，秦国并吞，归为一统。始皇欲灭各国名族苗裔。敬仲后嗣遂因先祖名讳为姓，将“敬”剖为二字，故后有姓“苟”姓“文”焉。其中有不愿姓“苟”而别为“芶”者，改名换姓迁移各省。

及秦失国，楚汉相争，高祖定鼎，而我族人亦有复还其姓者。是“敬”“芶”“苟”“文”四姓皆同宗支也，则虽世远年切，不可以联婚。

汉代四百余年，族人虽多，并未有显达于朝者。

降及汉末，号为三国。荆州有文聘，河北有文丑，后又有文鸯父子为晋之大将。

及隋唐定鼎，又未见其有发迹者。

迨至宋室炎兴，仁宗朝内有文彦博将军，后封国公之职。越数代，而文天祥生焉——江西饶州府人氏，科甲出身、文武全才。正值宋世（室）末劫，（文天祥）拜冢宰于多事之秋。常领大兵御敌，欲绵宋祚。宋帝避乱北海，舟被风覆，帝泊于水而宋亡焉。我祖天祥作《正气歌》，不食粟十余日而殁。尸暴三日，容颜如生。夫人欧阳氏收殓。是时，长子佛生、次子道生俱从阵亡，三子儒生年幼未仕。元人定鼎，（儒生）视（元人）如仇訾，隐僻乡村，耕读为业。越数代而遇顺帝无道，子孙迁移湖北黄州府麻成县，卜药而居。

元朝失位，太祖登基，数传而至弘化，我祖文绶公由楚省徙蜀，至川南眉州丹棱县，训蒙营生。元配身故，继娶李氏，生二子——长家辅、次家诰。辅生子曰万定，诰生子曰万良，其住居之地更为文坪，后又落业于石观房一带，更名茶房山。文岩、文沟至今石观房之庙宇有碑记存焉。

迨至献贼扰川，丹棱地界幸免兵灾。

我朝（清朝）定鼎，地阔人稀，虽王道清夷，而钱、粮、夫、马殆最重焉。我祖应举，公遂弃文坪基业而不顾，所以前数代之坟墓无可考，而独应举与相祖二公之坟墓有可稽厥。后，正秀祖身列武庠，常采茶发卖仁、邑，遂佃耕龙坦沟。越数年，迁华阳沈家坝，落业至今，改为文家坝，其文氏之来历在在，有可凭矣。

迄今，子孙繁衍，族姓隆昌。其迁于各州府县者恒多，而居住于丹棱、华阳者亦复不少。若无记志，将必任意改名，排行错乱，昭穆失序耳。

嘉庆丙子岁，祖父与叔祖等刊立大碑，书刊排行二十字碑，后世子孙照排行改名，但有碑无谱，碑被风雨飘毁，后之人不但祖德宗功无考，必至视同姓如路人矣。

适有裔孙开成者，醇良本自天授，孝友习于性成时。虑于怀，嘱序于予，谨查文氏来历，编为家传新篇，而千百载之祖派宗支与亿万年之同根子孙咸于此有所据焉。所谓颂松知本，饮水知源，其在于斯欤。是以为序。

咸丰十年岁序 庚申秋七月下浣日 谷旦

裔孙文宗泗沐手谨撰

对《文氏族谱》中的信息，2016年4月3日出版的《华西都市报》一篇由记者黄勇撰写的名为《双流文氏清明会九代祭祖》的报道中曾梳理过：

《文氏族谱》的序中写道，这支文氏族人是文天祥的后裔。文天祥有三个儿子，长子文佛生、二儿子文道生在跟随文天祥征战中阵亡，只有三儿子文儒生因年幼幸存下来。

元末，文儒生的子孙迁移到湖北黄州府麻城县……至明朝，文儒生的后裔文绶从湖北迁徙到四川省南道眉州丹棱县……元配夫人身故后，文绶续娶李氏，生了文家辅、文家诰。

文家辅生子文万定，文家诰生子文万良。一大家人住在一起，把居住地改名为文坪，随着后裔不断繁衍，这支文氏族人中，有的迁徙到丹棱县石观房山一带，把居住地地名分别改为茶房山、文岩、文沟等。从丹棱县专程赶来参加清明会的七十三岁的文开学说，这些地名至今仍被当地人使用着。

清朝时期，住在文坪的文应举有文相、文权两个儿子。文权的儿子文定国，迁徙到成都府华阳县东山四甲小堰口。文定国有文有用、文有仁、文有义、文有信四个儿子，子孙枝繁叶茂。文有信家境殷实，在他的倡议下，文氏家族修建了这座文氏宗祠。如今，刊立于乾隆四十七年（1782）的"蒸尝万古"碑仍保存完好。

十多年后，这支文姓人中的文启扬从小堰口迁到简阳三岔坝卢家沟落业。文启扬的玄孙文崇卯，光绪初年从卢家沟迁入三岔坝北门外三里之遥的阮家埂。文崇卯有文金琪、文金光、文金泉三个儿子，各自置业买田地，后裔繁茂。

文绶的第九世孙文正秀，常年采茶到成都府仁寿县做生意，后来在仁寿龙坦沟佃耕。数年后的雍正年间，文正秀带着文有章、文有开、文有浩、文有全、文有通、文有翼六个儿子从丹棱县石观房文家沟迁到龙坦沟，后又迁徙到华阳县永兴场的沈家坝（后改为文家场）置买田地，安家落业。

自文绶入川以来，后裔分布到四川各地的很多，其中丹棱、双流、简阳较为集中。

其实自南宋之后至元、明、清三代，各地文氏存族谱甚多，大多都追文天祥为祖先。因文天祥是江西人，故江西也有不少文氏后人；而文天祥又追在成都创立“石室”的汉循吏文翁为祖，故在湖广填四川时，亦有大量文氏后人从全国各地回归四川。四川的文氏后人，多集中在安岳、三台、郫县、温江、眉山、双流、华阳一带。另据嘉庆《四川通志·选举志》记载，有宋以来，有籍贯可考的四川文姓的各科进士五十余人，至今，地名中仍存有文家巷、文家村、文家场等，可见文氏在四川之兴旺。

综上，可知文氏一脉和四川渊源颇深——从创建“石室”的文翁开始，文氏从安徽舒城迁至四川成都；文翁后人又从成都迁至江西，出了南宋名臣文天祥；至元代，文氏后人再次入蜀；至明末，文氏复又逃出蜀地；至明末清初湖广填四川时，文氏后人再从湖南、江西、两广之地“归蜀”，整个历史跨两千年。文氏宗亲和成都之间的情感，从汉代起，就如草蛇灰线埋下的伏笔，跨越两千年，却终究越藏越深。

8月中旬，虽立秋已过，但天气愈发燥热。数日来，成都万里无云，夜可见星。暮色中，八十九岁高龄的文成信老人执意要骑车随笔者一道去寻访天祥寺旧址。四处走访无果，笔者只得苦劝老人先行回家等待。其后，笔者终于在布坝子街寻得一人——其人姓马名杰，1956年出生。据马杰称，其家自父辈而始就一直居住在此。在布坝子街10号院的门卫室外，笔者和马杰同坐在一张条凳之上，马杰点燃一支香烟，缓缓回忆起了天祥寺最后一任的守寺人——

“当时守天祥寺的是唐道道儿（道长）……就他一个人……没得

其他的道士……唐道道儿很精干，人很瘦，平时穿个道袍，梳道士的头发，走哪儿都喜欢盘起腿坐……他和附近算命的叶瞎子两个是好朋友，经常在一起摆龙门阵……记得一九七几年的时候都还见到过唐道道儿，后来听叶瞎子说，唐道道儿去了什邡的深山老林里头……坐化成仙……”

望平肥水沃良田

粪水又称“肥水”，当年在猛追湾，有着这么一桩“肥水”生意，这桩生意，要从望平街说起。

关于望平街的得名有两种说法。一说得名于20世纪初，据说当年因成都军阀混战，百姓“盼望太平”日久，故将此街取名为“望平”；而另一种说法则说望平街街名的由来和点将台有关，据说点将台原是诸葛亮操练军队、点将出征的地方，军士们从点将台出发后上街，百姓盼望他们平安归来，故将此街取名“望平街”，若按此说，则望平街得名的年代便更为久远。

望平街曾名“望平正街”，原来在望平正街的东侧还有一条小街名“望平后街”，另有一条与望平正街垂直相交的小路叫“望平横街”，后因拆路建房，仅剩望平正街，故如今街名简化为“望平街”。民国初期，此处恰是成都东门的“肥水”集散地，开玩笑地说，当年这档子生意可是创造了大量就业岗位。

当年的成都，以农耕经济为主要经济形态。成都平原沃野千里，有大量优质的农田。对于以耕种为生的农民而言，“肥水”虽多异味，但却弥足珍贵，是获取丰产的最大保障。按《成都商报》2014年6月29日一篇名为《“方便”的事是怎么方便起来的》的文章里的说法，“成都没有下水道，但成都没有像伦敦和巴黎那样，被污物堵塞了河道，因为成都周边都是农田，对肥料的需求很大，对市民来说污物是废物，而对城郊的农民来说，这可是宝贝，于是就出现了一门生意——卖粪，当时人们称其为黄货。当时成都的厕所，很多是私人修的，粪商和厕主在以前的成都都是比较有钱有势的。……因为农民对肥料的需求并不固定，所以不同季节黄货的价格也不一样。比如在20世纪40年代，100斤干的黄货，折价是15斤米，而淡季折价只有1.5斤米，价格差距悬殊。”可见，丰厚的财富让“异味”变成了“异香”——“肥水”不称“肥水”，而称“黄货”；“粪坑”不称“粪坑”，而称“金窖”，熙来攘往的船只和斗车小心翼翼地满载着这些五谷循环之物，如呵护着黄金。

获利丰厚，自然有人竞逐。当年，“肥水”商人们在成都东南西北四个城门外都修起了大量的“金窖”——北边“金窖”在梁家巷附近；南边“金窖”在磨子桥一带；西边“金窖”在通惠门；东边的“金窖”规模最盛，就建在猛追湾的望平街。“肥水”商人们在淡季时收藏，旺季时贩卖，通过猛追湾便捷的水路和陆路，将“肥水”贩给各家各户，不断浇灌着成都平原愈发丰沃的农田。

当然，既然是生意，终究不会如此诗意。但凡一件物事能蹦出几块铜板，总少不了争抢之人——更何况“黄货”这么大的买卖。贩夫走卒在此事上的参与，仅仅如同今日快递员的工作，他们只负责一挑一挑地收，然后成车成船地送。至于商人们能获利多少，其实也是未知，因为他们的头上，还有军阀，还有官。

据说当年军阀杨森主政成都时，就看中了这门生意，不但开了对厕所收税的先河，还派军警在城门口堵截挑粪的农民，按量收捐。据说，当年有一文人叫刘师亮，还专门为此事写了一副对联讽刺，“自古未闻粪有税，于今唯有屁无捐”，一时传为笑谈。

前赴者倒台，后继者更甚。军阀刘文辉控制成都时期，专派上校秘书叶前辉兼任卫生委员，负责此项生意。其管辖内共有两百多个公厕、几十辆车、十多个“金窖”。一番操弄下来，一个公厕一年的“存货”可换几百斤大米，超过当年一亩水田的收成。

军阀霸着厕所，其他的政府部门也没闲着，都想伸手到这块蛋糕上沾些奶油。当年的社会局、卫生局、税务局，都觉得自己有资格来收“厕所税”，几家争来吵去，最终决定还是先联手把税给收了，至于各家背后怎么“分赃”，怕是只有天知道。

官有官斗，民有民争。因为政府规定拉“黄货”必须在早晚两个时段，所以在运输“黄货”的早晚高峰，路上拥堵不堪，经常出现为争“黄货”而打架的事件。

新中国成立后，望平街的“金窖”总算是无人霸占了。著名金钱板表演艺术家李国仲说：“那会儿猛追湾到处都是田坝，没得这些厂矿，只有这条河。我们在三道堰那儿搭板子，这边过去就是冯家幺店子，也就是后来的东郊体育场那里，冯家幺店子过去就坐渡船，坐了渡船才进城到东郊场，那时喊渣滓坝……我们小的时候到那儿去捡烟盒子卖……我们那会儿担尿水就在方正街，那会儿常有人喊‘倒桶子哦’，就是在收尿水。尿水每家每户收，收了不能倒在街上，倒在桶子里四平八稳地拿谷草扎好，不要它浪出来。担着尿水过渡船，那会儿的渡船是一分钱还是两分钱过一板……河这边挖了个茅坑，然后就把尿水存在茅坑里，隔几天存多了，然后就用鸡公车运着尿水从万年桥转一大圈，转过了河，再慢慢推回家，倒进家里的茅坑里用来做农家肥。那时苦啊，每次鸡叫头道二道三道，就要起来去翻尿水，那会儿是（20世纪）五几年……”

据家住望平街附近的当地人回忆，直至20世纪70年代，还有农夫来此收集“肥水”。这些农夫总带着菜蔬、糖果、烟卷、点心，在附近的人户里挨家挨户地请吃，然后满载着一车一车的“黄货”离开。渐渐地，生意变作了人情，住在“金窖”附近的住户，窃喜而腼腆地收下这些小小的惠赠，又期盼着这些收“肥水”的农夫还能时常再来。

如今，望平街的“金窖”早被填平，农家肥料也被化学肥料挤下了历史舞台。望平街后的府河边，渐渐开起了许多茶摊，因为附近就是川剧二团，故而许多川剧爱好者也常常在此聚集——这些上些年纪的人每日下午来此，点一杯茶，燃一袋烟，喝一两酒，嚼一碟豆，微晃着脑袋，微抖着脚尖，微闭着双眼，微哼着调子，伴随着一个一个故事，打发着慢悠悠的时光。

有人喝茶，就有人吃饭。望平街上，一个个小餐馆开了起来，川、湘、鲁、粤，不管是哪里的菜系，在这里总得调和出些麻辣鲜香的成都味道。望平街头，接头的是香香巷，在这里，烹烩着更多的美味，供好吃的成都人恣意品尝。

历史就是如此有趣，当年以“臭”闻名的望平街，在一个不经意的转身间，便幻化出浓郁的香气来！

望平得平，自然传香。

时光记忆

府南河畔初有光

1932年8月，由川军师长马德斋、谢德堪等人募资在猛追湾建立的兴业水力发电厂开始发电。由此，猛追湾边第一次亮起了电灯的光芒，而当我们逆着这忽明忽暗的微光在历史中寻去，窥到的却是一场风云变幻的变局……

1900年，福建出现了近代中国第一家由华商创办的电灯厂——厦门电灯厂。从1900年至1911年的十一年里，全国四十余地先后设立了五十余家电厂或电灯厂。厂址分设在华北的北京、天津、济南、太原等地，东北的沈阳、长春、吉林、齐齐哈尔等地，华东的上海、宁波、杭州、苏州等地，华南的广州、厦门、福州等地，华中的南京、武汉、长沙等地，以及华西的重庆、成都等地。[①]

1906年，在四川总督锡良的操办下，一台笨重的蒸汽动力传动发电机大张旗鼓地运进了位于成都市中心的银圆局内。工人们齐心协力地轰燃这台笨重的机器，机器渐渐发出让人期待的轰鸣。在巨大的声响中，微弱的电流通过线缆传导到电灯的钨丝上，电灯发出了晦暗的光。现场一众人大失所望，在他们的预期中，西方工业的光芒理应远远大于这个亮度，于是，这台发电机在不久后“以灯光不明而废”。这一次尝试，可视作成都发电史的开端。

① 汪敬虞编：《中国近代工业史资料·第二辑（下册）》，科学出版社，1957年，第880—882页。

宣统元年（1909）初，陈养天联合长寿舒和轩、舒品轩、舒勤轩三兄弟，以及华阳孔保之、施凡士、周季立，新都郑述三、郑印中等总共十六人，集资十万元，共同创办启明电灯公司，以成都城乡为其营业区域。

公司董事长陈养天，又名陈嘉爵。其父陈雍伯是个红顶商人，在做官的同时经营着典当行，积累了丰厚的家产。在父亲官位和财富的荫庇之下，陈养天顺利进入清末新政时期的“四川高等学堂”就读，并获得了贡生及候补通判等身份。从此，陈养天也学着父亲，走上了亦官亦商的路。他一生除创办启明电灯公司，还先后担任过四川省特派日本政治考察员、四川巡按使署秘书、财政部顾问、清史馆协修、两湖巡阅使署参议、甘肃省财政厅长、甘肃省银行总办、青海甘边屯垦使、全国烟酒事务署厅长等重要官职。另外，作为筹创启明电灯公司的重要核心人物，舒氏三兄弟也接受过新式教育，考取过功名，拥有错综复杂的人脉关系和富甲一方的财富资本。

从胡雪岩到盛宣怀，再到陈养天和舒氏三兄弟，晚清的红顶商人们脚踏着官商两界，堂而皇之地游走在权力和财富的交换之间。这些人的兴起，其实是中国资本家们向封建王朝的彻底摊牌。由宋及清，资本的力量已被压制得太久，此时，它终于冲破一切束缚，变得肆无忌惮。资本家们争先恐后地拿出餐刀，尽力分食着这个没落王朝的残躯。

在成都市档案馆收藏的《成都启明电灯公司档案》中，至今还保存着陈养天和舒家三兄弟等人“呈请集股创办成都电灯公司”的禀文。在这篇禀文中，陈养天等人先用近乎命令式的口吻写道：“……按川江轮船有限公司成案，专办二十五年。期内他人不得踵设与此同类公司，惟许在本公司附股……”而后又笔锋一转，开出了一张空头支票：“每年如有红息，议以二十分之一报效国家。”——其实人人都知道，在那个时代，“国家”可不可存续都尚未可知，遑论一个小小的公司，即使对于这些红顶商人而言，真金白银地兴办实业也是要冒着极大风险的。

仅仅是注册公司，已经让陈养天心力交瘁。1909年5月，陈养天眼看着公司迟迟不能投入运营，再也坐不住了。据小道传闻，若这么一直拖延下去，公司极可能从商办收为官办，甚至面临吊销执照的风险。陈养天急请舒氏兄弟的同乡孙治平帮忙，火速赶往天津，在泰昌洋行购回了7.5千瓦的蒸汽锅炉直流发电机一部，并购得中新街公馆一大院，将前面大厅改为营业室，后面改为厂房，高价请兵工厂的技术人员代为安装。

第一批电线终于装进了上新街、中新街、下新街、总府街、中东大街和西东大街。1909年5月29日，农历四月十一，“玉堂吉星值日，宜开业、开市”，陈养天的工人们兴奋地点燃蒸汽机，发电点亮了启明电灯公司的第一盏电灯。

亮灯引来了全城轰动，但陈养天的生意并没有因此而一飞冲天。一方面，公司面临着流动资金不足、产能不足的问题；另一方面，高昂的电价也让普通百姓难以承受。当时一户人家每月点菜油灯的费用为一至两角，点煤油灯也不过三至五角，而电灯公司每盏电灯每月照明收费为一元五角，即使公司负责安装灯罩、灯泡、电线等全部器材，也远超百姓日常点灯的费用。一轮宣传推广下来，安装电灯的商户寥寥无几，而住户更是一家都没有。电灯公司月月亏损，苦苦维持，不少公司发起人开始劝陈养天停止经营，以控制损失，而陈养天却力排众议，坚持认为“吾国新兴事业方渐萌芽，稍有畏葸，即无成功之望，且贻后来者不良之印象……决议不计成败，以全力赴之……”

新一轮的市场营销终于让陈养天看见了转机。参照英国人推销烟卷的办法，陈养天展开了一轮“体验式营销”。只要愿意安装电灯，初期照明只按七折收费，甚至对折收费或不收费。这个办法迅速打开了市场，民众很快认识到了安装电灯的便利和好处。申请安装者纷至沓来，以致公司无法应付。此后，安装灯罩、电灯、电线、开关皆按市价收费，每盏灯要另收安装费四角。因业务发达，成都有时缺货，工人们就用绸子包裹电线充作临时的胶皮线，用牛角夹板代替瓷夹板。陈养天公司的供电线路不断延长，机器不断增添，规模日益扩大。

启明电灯公司从最初月亏损两三百元，至1927年时，公司年盈利居然达到了十五万，看似盈利暴增，其实是因为当年造币厂铸造低质五角劣币，又有各路军阀纷纷仿造，导致物价飞涨，公司其实根本无甚盈余。加之军阀混战，百姓也常有私自牵线偷电者，另外还有各种硬件的折旧损耗，公司甚至是处于亏损状态。当年停业整顿期间，陈养天把公司所存四万六千元的“杂币”拿出来算作股息，派给了一众持股人。[①]

到了民国十七八年（1928—1929），电灯照明愈发普及，另外因为战乱频繁，从四川各地迁往省会者甚众，成都人口暴增，用电量也

① 《启明年鉴·年表》，明星印制局，1940年，第1—5页。

随之激增。此时，启明电灯公司的市场垄断地位就更难维持了。

其实在1914年时，启明电灯公司就因“四圣祠医院设发电厂，其线路经过马路约五百公尺”而呈文到北洋政府交通部；1917年，又因“商业场电厂供电至其区域之外”而“时起争执”。到了1930年以后，人家都看到了供电市场有利可图，一些商家纷纷与军政官员联合起来组织电厂，筹备发电机发电。

> 1932年，军阀彭植先、刘俊逸所设的光明电灯公司于科甲巷和柳荫街开始发电。设22千瓦发电机两部、18千瓦发电机一部、24千瓦发电机两部、20千瓦发电机一部、6千瓦发电机一部，供春熙路、城守街、东御街、西御街、皇城坝等商业繁华地段用电；又在外柳荫街设18千瓦发电机一部、16千瓦电机一部，供外南一带及南大街用电。
>
> 1932年8月，川军师长马德斋、谢德堪等募资在东猛追湾建立的兴业水力发电厂开始发电。设22千瓦水力涡轮发电机二部，又备枯水时用47千瓦煤气发电机一部、45千瓦发电机一部。供新东门、桂王桥、忠烈祠、玉沙街、华兴街、春熙路、总府街等商业繁华街区用电。[①]

至此，光明电灯公司、兴业水力发电厂、启明电灯公司三家的供电区域高度重叠，加上光明和兴业背后的军阀背景，启明电灯公司很

① 成都市档案馆藏：《成都启明电灯公司档案》，1932年；赵星洲：《成都启明电灯公司剖析》，载《四川文史资料选辑·第25辑》，第191页。

快难以招架。此时清王朝早已垮台，当年所谓二十五年的独家经营权，到现在只剩一张废纸。成都迎来了三家公司“三足鼎立”的局面。

启明电灯公司当然不会甘于被动挨打，背地里，陈养天开启了一轮股东大变更的计划——舒和轩、舒品轩、孔保之、孙治平等人渐次退出公司核心管理层，取而代之的，是李子和（金盛元银号经理）、杨茂如（刘文辉之妻）、邓华民（邓锡侯之子），以及川军实力派军官陈益廷、向育仁、王聚奎、张仲铭等人。通过寻找新权贵阶层的庇护，启明电灯公司再次蓬勃发展，它迅速打败了其他竞争对手，再度实现了成都市区发电照明市场的垄断经营。

兴业水力发电厂和光明电灯公司都兴于强权，也都亡于强权，这在那个时代背景下，尤其在一帮军阀的眼中也盖为常事。这些电厂的生命如此短暂，好比一束焰火，至多只能在那个浓密的黑夜中绽放刹那的光明。

作为在商业战场上获胜的一方，启明电灯公司站在20世纪30年代中期，又悄悄回头望了望1900年6月21日——那个清政府热血张狂地向全世界宣战的日子。这短短的三十余年，简直就是一段光明与黑暗交织变幻的历史。清政府暗弱的烛光方才熄灭，烛灰的味道还未散尽，一盏盏忽明忽暗的电灯就迫不及待地爬上房檐，在高处张望着下一场变局；灯光渐多，虽然房子里面亮了，但房子外面的路仿佛更加黑暗。在灯光的照射下，它终于看清了一点东西——原来无论是古老东方的道德之光，还是现代西方的工业之光，亮度的升级，只会让人无可挽回地走向更大的斗争与绞杀……它当然不知道，那时的中国，还将迎来一段更长的黑暗……

汽车修配业务忙

四川省柴油汽车修配厂创建于1958年8月，其厂址原坐落于二号桥东侧的猛追湾南街88号（即如今富临大厦的位置），厂区占地1.96万平方米。

翻开《四川省柴油汽车修配厂志·1958—1985》，其中除对工厂的历史沿革及重大事件有详述而外，也对新中国成立前成都的汽修工业做了大致的梳理。

其实从1925年开始，成都的汽车修装工业就已开始出现。1925年10月至11月，成都新兴的成灌、华达两家官商合办的汽车公司先后从上海以散装零件的形式购运回首批汽车。随车聘来的还有装配、敲补、胎工等技师，另外，各工种还招收了三十名初中毕业生，并用半年的时间对其进行驾驶和修装技术训练，以专为公司装配和修理汽车。这就是成都市汽车修装工业的开始。

1929年，该厂装配工郑悦亭、段津一合伙在青石桥街开设“西方汽车装修公司”，是为成都第一家对外营业的私营汽车修理公司。此时的汽车修装一般都为手工操作。

1935年，杨德任从江西调至成都任四川公路局车务处处长，其于1936年设立成都车场，并在当年12月21日正式成立成都汽车总厂，陆续添置机器设备，开始了机器、手工并举的公营汽车修装作业。

抗战时期，外省汽车公司纷纷搬至成都，私营汽车修理业发展迅速，一度出现兴旺景象。至抗战末期，公路通车路线越来越短，大量汽车停止使用，私营汽车修理业举步维艰，除少部分自己拥有汽车的修理厂能勉强维持而外，其他的汽修公司有的被迫倒闭，有的靠私下买卖国民政府军用汽油或配件为生。

抗战胜利后，成都的汽修业曾短暂复苏，但又因解放战争，行业复归萧条。

1948年，原省运输公司把仅有的三十四辆破旧汽车包给其下属的汽车修理厂独立经营。1949年，省运输公司的修理厂已无车可修，只好变卖机具用于厂里工人的工资发放，最终，修理厂倒闭。

到成都解放的前夕，成都的汽车修理业已几乎完全瘫痪。

而“四川省柴油汽车修配厂”的前身，其实是成都市交通局下属的“成都汽车修理厂”。1958年2月，成都市撤销了市公用局和公共汽车大修厂。1958年5月，国营成都汽车运输公司将一百八十九辆客货汽车以及市公共汽车的所有修理任务都一并交付给了成都市交通局。同年8月，成都市交通局以公共汽车保养场为基础，在草市街成立了“成都市交通局汽车修配厂”。汽修厂人员来源除公共汽车保养场原有人员外，还有原裕华纱厂汽车修理组、红旗铁工厂汽车修理部、康乐汽修厂等单位人员，又接纳了西城区白家塘民办汽修厂三十人，另招收学徒共三批。1958年底，厂内共有职工二百八十人，主要负责局属客货汽车及公共汽车的修理。

当年，因为公共汽车三站位于二号桥（今新华桥），紧邻市木材加工厂，而木材加工厂每天三班制加工木材，噪音很大，严重影响车辆驾驶人员的睡眠，故市交通局决定将汽修厂宿舍区迁离公共汽车三站的所在地，另将公共汽车三站与二站合并，迁至草市街。1958年8月，汽修厂受让了市公共汽车三站移交的11438.57平方米土地，又在1962年至1965年期间征用了猛追湾七队转让的“泥沙洼地及自扩河边地”共计8162.41平方米用于厂区建设。从《四川省柴油汽车修配厂历年征地情况表》中可以看到，1969年，汽修厂还征用了天祥寺街居民房地476平方米用于修建厂区幼儿园；1971年至1980年先后在猛追湾一带拿地约1万平方米用于厂区的住宅楼、食堂、厨房和浴室楼的修建。

当年汽修厂才迁到猛追湾时，厂区内除几间木泥结构的房子而外，遍地野草丛生，而修车设备仅有一台济南造的C616车床、一台老式皮带车床，另有用手电钻改造的镗缸机。由于当年建厂时并未做地质勘查，故直到1971年修建地下工间时才发现厂区地基属沙石层，这为地下工间的修建带来了极大的难度。另外，因二号桥当年在改建水泥桥时加高了河基，故厂区的地势相对下降，以致在1981年成都遭遇特大洪水时，厂区一度被淹，积水最深处约两米。

1959年6月，市交通局决定将局属配件厂、翻胎厂合并于汽修厂，分别改为第一、第二车间，将汽修厂原来的三个车间改为第三、第四、第五车间。

在当年的历史背景下，全厂职工除白天八小时工作和晚上参加政治学习而外，还要不断加班作为“跃进工时”。当年按八小时工作的人会在私下被称为“老八点”，为了摆脱“后进”，通宵加班、带病加班的职工比比皆是。当年“快速修车试点组”的韩正贵、曾元海、卢振亚等人刚修完“革新一号车”，三、四车间便表示了不服，并提出道奇车大修只要四天，而快速修车试点组则进一步保证大修只要两天半。引擎一组才创造了大修引擎一天半的成绩，快速修车试点组又将该成绩提高到了十个小时。

速度的提升往往以质量的下降作为代价。1959年下半年，工厂开始由生产工人自计工时。据真实数据显示，当年修车的返工率竟可达到47%，基本上有一半的车在修理之后都需要返工。为改变这种情况，工厂又发动全厂员工献计献策。从1960年1月至11月，工厂共收到合理化建议284项，实现149项。不过在1960年的统计中，全年返工车次仍达205次，返工工时更达到了3850小时，相当于每天都有超过10小时的返工工作。

当年正值“大跃进”，公路汽车运输业又提出了“一车多挂，多拉快跑”和“汽车列车化”的口号。1959年10月，市交通局接到省、市委下达的关于试制“三节通道式公共汽车”的指示，并将该任务交由汽修厂完成。当年汽修厂虽成功试制了一辆两节通道式公共汽车，但三节通道式公共汽车在全国都没有先例，自然试制起来困难重重。当确定在依卡路斯60型客车的基础上进行改装的方案以后，全厂开始大搞技术革新。工人们一边自己设计制图，一边施工制作。原材料和工具不足，工人们就想方设法找物品替代——比如用焊接法制作一些翻砂铸件的替代品，用废旧打气筒代替气门、气缸等。另外，设计者在每节车厢都设置了由售票员操作的气动门，又在车身的连接过道上增设了弧形座椅以代替保险杆稳定车身，在驾驶室内设计了一个小喇叭，以便驾驶员和售票员联系。据当年的资料显示，汽修厂一车间的130名工人在当年10月份加班“跃进工时”2933小时，11月份又加班“跃进工时”4512小时，用60天的时间，终于“造”出了这辆三节通道式公共汽车。1960年元旦，当这辆新型的公共汽车驶上成都街头时，围观市民无不惊叹：“这是‘无轨火车’上了街！”负责此项目的技术骨干刘仕元因此被评为了全国劳动模范，并受邀去北京参加了“群英会”。

1960年3月，市公用局恢复建制，汽修厂一车间（原配件厂，地址在十二街）重新划归公用局（后为公共汽车大修厂），而二车间（原翻胎厂）也被单独划出。原汽修厂（地址在二号桥）仍属市交通局领导。同年5月，市交通局下设了市汽车运输公司，汽修厂划归市汽车运输公司领导，更名为“成都市汽车运输公司修理厂”。

1961年10月，市交通局将局属拖车制造厂并入汽修厂。

1962年7月，四川省汽车运输公司成都公司恢复建制，汽修厂改属该公司，并更名为“四川省成都汽车修理厂二厂”。同年8月17日，成都汽车修理厂二厂与茂汶汽车修理厂合并，茂汶汽车修理厂改为“二厂”的分厂。

1965年3月14日，“二厂”改隶属于成都汽车修理总厂，3月27日，更名为“成都柴油汽车修理厂”。

1966年6月1日，成都汽车修理总厂被撤销，修理厂改隶属于四川省汽车运输公司温江公司领导。

1967年3月7日，由于“文化大革命”运动，厂里成立了临时性的“三结合”（领导干部、革命群众组织代表、革命群众代表）革命生产领导班子。同年底，为响应“三支两军”的号召，由温江地区派军代表对厂实行军管。

1968年6月12日，厂名更改为“成都柴油汽车修理厂革联会”，10月，在军管会的主持下，经温江地革委批准，成立了“成都柴油汽车修理厂革命委员会”。

1969年1月26日，厂革委会批准第一批干部下放到生产班组参加生产劳动，又从班组工人中抽调人员担任干部职务。

1972年4月，机构改革，成都柴油汽车修理厂又收回四川省汽车运输公司领导，更名为“四川省柴油汽车修配厂”。

1974年初，我国从日本引进了一批大型化工设备，中央决定将其中的三套设备安置在四川。由于其设备主机整体的三百五十吨尿素合成塔不能分拆，而塔身的直径又超过了成渝和宝成两条铁路的涵洞直径，故当年日方向中方提出了两套运输方案—— 一是用日本的特种飞机进行空运；二是由日方将塔体分割，由铁路运送至目的地后，再由日方派人最终将塔体复合。由于当年日方这两种方案的报价太过高昂，故相关领导部门提出了分段运输的解决办法——先用海运将设备从日本神户运至上海，再趁洪水季节，将设备用驳船运至乐山，再用大型牵引车将其运至夹江，最后用火车将其运至青白江化工厂（此段铁路已无涵洞）。

在1974年5月于金牛坝招待所召开的“大件运输汽车制造会议”上，省交通厅为解决该化工设备从乐山至夹江的陆路运输问题，决定专门制造两台四百五十吨牵引力的牵引车，由峨眉厂负责驾驶室制造，由筑路机械厂负责平板车制装，由汽修厂负责牵引车总装。在当年，如此大的牵引车的制造在全国都属首例。据设计方案，仅该牵引车的大梁就重达三四吨，近十米长。为此，汽修厂成立了以陈应华为首的“大件车制造领导小组”，并动员全厂组织“大会战”。厂团总支向团员、青年们发出了“白天加油干、晚上搞夜战”的号召。所有大件组的工人上白班常工作到午夜十二点，上夜班常工作到第二天午饭时间。在这样的奋力拼搏下，1975年5月，两台大型牵引车的总装工程总算顺利完工。当牵引车挂载上拥有一百一十二只轮胎的平板车后，在无数路人的围观下，驾驶员开车驶向了火车南站，并最终利用火车将牵引车和平板车运到了乐山。

运送化工设备时，两台牵引车在前面拖挂着平板车缓缓前进。由于当时的路基和路面都是临时加固的，故在近四百吨的重物压力下，平板车的车轮压入路面竟达四五厘米深。同时由于路基、路面承受力不足，车辆颠簸很容易造成设备翻倒，故随行人员只得一路步行跟在平板车的两边以防不测。另因牵引车的车头自重不够，当化工设备放上平板车后，牵引车的车头竟然翘了起来，于是，随行人员又在车头上加载了钢锭以增加重量。虽一路上小心翼翼，但还是因传动轴超负荷运转，牵引车的滚珠轴承先后烧坏十几次，每次烧坏后，随行人员便立即更换配件。如此，在一众人群策群力之下，化工设备终于平安抵达了夹江。

1978年十一届三中全会以后，工厂常修的却贝尔（匈牙利品牌Csepel）、依法（原东德品牌IFA）等品牌的柴油汽车因老旧而大批量报废，加之众多民办汽车修理厂不断成立，工厂待修的车源锐减。此后，柴油汽车修配厂开始谋求出路并制造挂车，由原来的修车变为了修造并举。1979年，柴油汽车修配厂的年生产总值达到了二百九十多万元，实现利润三十七万元。

1985年，挂车销售又出现了困难，汽修厂便又新增了货车改装的业务，使当年汽车修配厂的年产值保持在了七百万元以上，实现利润八十多万元。

20世纪80年代可算四川省柴油汽车修配厂整个历史中的鼎盛时期。当时平均年修大货车约二百台，年生产全挂车、半挂车上千台。当时厂内职工约五百人，另有退休职工和大集体一共两三百人，大家日子都过得不错。当年交通管理部门向汽修厂下达指标，生产包销，自然不用考虑市场问题，但到了20世纪80年代末至90年代初期，市场从计划经济向市场经济转变，汽修厂的业绩就迅速下滑了。

在20世纪90年代的国家经济转型期，国有企业普遍都存在着经营转型的困难。1992年，汽修厂更名为“华通集团成都通工汽车厂”；1994年，又更名为“四川山川汽车厂”；1998年，汽车厂被富临集团兼并，变成了民营企业。

此后，汽车厂搬迁至洪河。富临集团在汽车厂原址上拆迁修建了富临大厦，又在原汽车厂宿舍区修建了商品房，当地人俗称该商品房为“红房子”。2019年，“红房子”被拆除。未来，此处必将会建设得更好。

欲作良材先入厂

如今的祥和里，原是成都市建筑工程公司木材加工厂的一条内部道路。成都市建筑工程公司木材加工厂于1960年建厂，建厂前，此处本是坟场，建厂时，工人们曾从地下挖出无数白骨，并用卡车一车车拉至别处掩埋。在20世纪60年代，几乎整个祥和里社区都属木材加工厂的地盘。厂内建筑不多，除办公楼和少数厂房而外，多为大片的空地。如今祥和里与一环路的接口处，原是工厂的东门；与天祥街的接口处，是工厂的西门。后来，在加工厂西门外建有“益州宾馆”，宾馆设有餐厅，另有人在宾馆处开了一家餐馆，名为“烧鸡公”。

成都市建筑工程公司原分为一、二、三公司，另又设有水电安装公司和木材加工厂。木材加工厂主要为一、二、三公司提供木材加工方面的配套服务，建筑工地上所需的木料都在木材加工厂里加工，从原木到木料，再到成型的桌椅门窗，都可在木材加工厂里一站式完成。当年厂里业务繁忙，经常是二十四小时三班倒。由于加工木料会产生极大的噪音，直接导致对门的汽车修配厂把其宿舍区从此处搬离，并把厂区搬到了此处。

木材加工厂内有三个车间：原木车间用于堆放原木，木料车间用于将原木切割为木料，装修车间负责将木料加工成成品。另外，厂区内还附有钢筋车间，负责加工钢筋；有混凝土倒模车间，负责将混凝土搅拌后倒模成型并加工成预制板。

在社区的联系下，笔者的采访助理彭欢找到了当时任职于木材加工厂行政办公室的戴婆婆。现年八十五岁的戴婆婆虽腿脚不便，但仍精神矍铄，她热情地向我们说起了木材加工厂的三任厂长：

“木材加工厂的第一任厂长叫蒲纪平，他从建厂就是厂长，一直干到退休。我才进厂的时候，厂里面实行的是工薪制，大家按工种的不同发工资，厂里面的氛围很好，大家的工资和福利待遇也不错，大家生活都过得不错！

“后来有一任厂长就不行，厂里的效益做不起来。其实本来在那个年代，无论是地区还是工厂的条件都比较艰辛，之后又遇到困难时期，全国上下经济都不景气，工厂也没有办法……大家每天工作，半个月休一次假，工厂这边给生小孩的工人发几块钱的补贴，剩下就是每年春节安排一次聚餐，退休工人每人每年有一百元的补贴。大家都不喜欢这一任厂长……

“四年前（2015），好像因为一位新厂长上任，厂里的效益有了改善，退休工人的待遇提高了不少，而且八十岁以上的退休工人每逢节假日都能领取津贴，重阳节有六百元，春节有五百元。我们很感谢新厂长，都想一起到新厂长家里面登门致谢，但后来听说新厂长家住得远，楼层又高，我年老体衰，又加上腿脚不便，所以一直没去……”

他们是木材加工厂的工人，一生与规、矩和墨线为伴，人心的是非曲直，当然在他们的心中能精确到毫厘之间。

毫厘间的得失，既是尺度，亦是人生。

人民纸箱销售厂

人民纸箱厂位于猛追湾望平街，始建于1958年，主要生产瓦楞纸箱包装。

工厂最初由生产组建立，名为“成都市人民纸箱厂”，属集体所有制。当年工厂车间设在三圣街、红星街，办公楼设在望平街，员工宿舍设在布坝子街。2006年，工厂迁至东大路附近，后由于东大路道路建设，工厂再迁至槐树店。至今，人民纸箱厂的办公楼仍设于望平街，在望平街香香巷巷口，还醒目地写着“人民纸箱厂”五个大字。

▲ 人民纸箱厂车间　彭欢摄

人民纸箱厂工厂车间占地10亩，共分5个车间、4道工序。一车间堆放原木卷纸；二车间将卷纸板压平待用；三车间做纸板切割；四车间做纸板压线，从而让纸板方便折叠；五车间装订，工人把压好的瓦楞纸板用装订机钉好衔接口，纸箱做成。成品纸箱统一经货梯运送堆放于二楼，只见各式纸箱被整齐分类堆放，从眼前一直延伸到几十米开外。

从现任总经理丁龙的介绍中，我们了解到了纸箱厂更多的历史。

纸箱厂建厂初期，年产值就将近200万。当时国家颁布了不少优惠政策，其中“税前列支”就是非常重要的一项，这为当年的工厂减少了很多税费。当年全国正处于经济困难期，但依靠政策支持，纸箱厂还从银行获得了180万元的贷款用于技术改造。

改革开放后，工厂抓住机遇迅速发展，员工福利也不断增加。1984年，那时只有一种类似社保的社会保险，工厂就已为每一位员工购买了该项保险。另外，工厂还兴建了文艺室、活动室、图书室等，供工人们免费使用。春节时，工厂会举办庆祝活动，平时还有工会活动，厂里的氛围轻松且温馨。

进入20世纪90年代，各类包装企业越来越多，市场竞争也越来越大。1991年，成华区有纸制包装工业企业24家，主要生产瓦楞纸板彩印包装箱及各类包装印刷板。当年该行业工业总产值1918万元，占全区工业总产值的3.97%。1992年后，新增了成都市兴宇彩印包装厂。2000年，全区有纸制印刷工业企业10家，其中，印刷业5家，纸制品业5家，工业总产值10129万元，销售收入8893万元，利税总额653万元。

1991年以来，人民纸箱厂先后投入3000余万元用于技术改造和人才培养，引进了国内最先进的“五合一”纸版生产线，同时对职工进行技术培训，又招聘了不少复合型高级管理人才，使工厂成为当年西南地区设备最多、功能最全、生产能力最强的专业化纸箱生产厂。

1998年，纸箱厂实现工业总产值4800万元，销售收入4990万元，利税总额400余万元；2000年，其实现工业总产值9892万元，销售收入10980万元，利税额922万元；2003年，实现工业总产值1.02亿元。

2005年，工厂改制为私有制企业并更名为“人民纸箱厂”。改制后，工厂不但给工人们买齐了五险一金，还免费向工人们提供工作午餐和劳保用品。另外，工厂每年都会向员工发放住房补贴300元；每逢节假日，还有每人100元的劳动津贴。

2006至2007年，纸箱厂的工业总产值达到了1.3亿元，可也恰是在2007年之后，工厂就慢慢进入了衰退期。说起这些年的挫败，丁龙显得有些无可奈何：“民营企业的发展有其优势，但也存在诸多局限，其在发展初期可以迅速把握市场，但往往发展到了中后期，就会因为资金和人才的局限而导致发展后劲不足。随着时代的发展和市场消费需求的提档升级，国资企业和实力雄厚的民营企业才有能力投入大量资金引进最先进的设备和生产线，而如果你跟不上这种企业的‘进化’，就有可能会一步步落后，一步步被淘汰。

“时势不利、投资减少、机器落后，先进的技术得不到，原材料成本和人工成本又都在不断增加……二○○几年的时候，厂里就给工人们发到了每个月3000多，到今天，无论工厂是亏是赚，都依然按合同按时发工资，从未拖欠……其实从2015年开始，工厂就开始进入了亏损状态，从2015至2018年，工厂4年亏损总计2700万元……现在只要有业务，我们就硬着头皮做，毕竟不能让工厂就这么倒了，不能让工人们都失业……”

华联商厦名声响

在20世纪90年代，建设路上的成都华联商厦可谓整个东郊顶级的综合购物中心，也是整个东郊和沙河电影院齐名的地标。

华联商厦的前身，是成都市贸易公司下属的服务大楼。据当地居民回忆，服务大楼早在20世纪60年代便已修建，并且修建规格很高——大楼几乎采用全砖结构，并且外墙面全用水泥镶白色小石子作为装饰，美观大气，在当年便已是东郊的地标。服务大楼位于一环路和建设路交会口的西南侧夹角，楼体呈“L”形，面朝建设路的一面为两层，面朝一环路的一面为三层，而拐角处则是四层。

大楼主要用作旅馆和餐厅。当年一环路不宽，道路两边都种植桉树作为行道树，行道树内侧到大楼之间留有一大块空地，空地上常停放着不少跑长途的货运卡车——这些卡车大都为贸易公司运载货物，而楼里的旅馆自然成了货车司机们的留宿之地。据作家张义奇说，当年这家旅馆非常高级，里面应有的配套设施一应俱全。

另外，大楼的一楼开有一家餐厅、一家理发馆、一家照相馆和一个小卖部。餐厅面积很大，内供各式菜品，另外专开有窗口提供外卖服务。在20世纪60年代，生活物资匮乏，每人每月平均只能凭肉票购买一斤到一斤半猪肉，偶尔家中来客或是家里人嘴馋时，就有顾客拿饭盒到饭馆打肉菜。据说一份回锅肉的价格为三角钱，这在人均工资不高的当年，可不算一笔低消费。

“服务大楼背后有个馆子叫‘杏花村’，我1970年参加工作的时候就开起了，算是东郊最好的三个馆子之一。另外的两家，一家是建设路邮局旁边的牛肉馆子，还有一家就是沙河边的朵颐餐厅。另外还有两家馆子，一家是建设路老新华书店旁边的经济小吃，是一家甜食店，另一家是开在副食品商场到沙河电影院之间的工农兵面店。”原猛追湾派出所的民警龚毅说。

服务大楼的理发馆在当年也算高级场所，是当年东郊最好的一家。理发馆里设有专用的皮质理发沙发，此沙发可升降，也可调整角度让顾客躺下。当年这家理发店的收费不低，据说吹一次“拿波”的收费要四五毛钱，“只有出席重要场合的时候，或者年轻人耍朋友的时候才到那家理发店去剪头发，剪一次头发比打一份回锅肉还贵，一般人根本舍不得，平常理发，就只有到电讯工程学院大门前的小街上找私人剃头匠。

“理发店旁边有照相馆，其不但提供照相服务，还附带售卖胶卷。小卖部主要卖零食及生活用品……贸易公司的办公室就在建设路的街对面，也就是现在82医院的旁边。”龚毅说。

据“找找去”网站上搜索到的当年成都工商行政管理局存留的档案记录，成都市贸易公司建设路服务商店旅馆二门市部（全民所有制分支结构）成立于1984年4月25日，注册地址在成都市建设路，主要从事旅馆业，联系人是伍家全。

20世纪90年代初，贸易公司服务大楼被整体拆除，并在原址上建起了华联商厦。据龚毅说，当年他听说华联商厦的总经理陈伟曾穿着一身军大衣到北京，亲自去为华联商厦招商引资，此举感动了资方，才由此促成了华联商厦的建设落成。1994年3月，成都华联商厦被全国华联商厦集团吸收为在西南地区的第一家成员单位；1994年5月18日，成都华联商厦正式开业；1996年，成都华联商厦随母公司四川大通燃气开发股份有限公司上市，成为西南地区首家在深交所上市的商业公司。

20世纪90年代，华联商厦每日门庭若市，前来游玩和消费的顾客络绎不绝，尤其到了夏天，因商场里有冷气空调开放，引来不少东郊居民专程跑到商场里去“蹭空调”纳凉。

2016年6月20日，因经营不善，华联商厦在门口贴出一张《供应商须知》，须知中提示道：“成都华联的供应商在6月20日24点前，须将专柜所有货品清场完毕。”此后，华联商厦的名字如同一号桥头的巴黎老佛爷百货、新鸿路上的好又多超市一样，渐渐淡出了东郊人的视野。如今，华联商厦的大楼早已重新招商，更名为“城市优客奥莱”。

69、82两信箱

1953年，我国开始实施第一个五年计划，苏联援建我国的156个重点项目中，有8个落户成都，其中就包括宏明无线电器材厂和新兴仪器厂。

从地图上看，北至猛追湾横街、南至猛追湾东街、西至猛追湾街、东至一环路东二段，在此范围内以建设路为界，其北乃新兴仪器厂（719厂）宿舍，即69信箱宿舍；其南为宏明无线电器材厂（715厂）宿舍，即82信箱宿舍。

20世纪90年代以前，成都的东郊大院就像北京的军区大院一样，是这个城市中最让人羡慕的区域。能在这个区域中工作、生活，大抵意味着你的收入、社会地位，乃至生活配套等各方面都达到了当年成都市的中高水准。对于一个不属于东郊的成都人而言，且不说想进东郊工作，就是想进东郊转一转都有可能受到限制。东郊的每个工厂区和宿舍区的门口，都无一例外地设有门岗，厂区最初还是军人站岗。另外，因人员非常固定，大家朝夕相见，所以一个“外人”想混进来而不被发现，几乎是痴人说梦。

笔者1981年出生在东郊，家住253信箱。从小，笔者就听着各种数字长大，比如6号信箱、7号信箱、69信箱、82信箱、83信箱、106信箱、107信箱、253信箱……而这些数字一旦再和厂区编号搅在一起，比如420厂、784厂、745厂、719厂、715厂，笔者大脑中就会产生一种无可奈何的晕眩感，所以直至今日，笔者除了知道自己当年住253信箱，253信箱对面是107信箱而外，就仅仅因为写这本书而搞明白了69信箱和82信箱的位置。

编号虽记不清楚，但笔者对其他的事却印象深刻。在此，且容笔者提笔收录一些关于东郊家属区的生活记忆——这些记忆未必仅发生于69信箱和82信箱，但同为东郊的信箱宿舍区，相似的事情也必定在69信箱和82信箱发生，这也算作以69信箱和82信箱为代表的东郊记忆吧。

东郊大院的食堂

当年这些信箱宿舍区都有属于自己的食堂。生活在东郊的工人们总会在私下比较各食堂的手艺，比如“253的馒头筋丝最好”，“107的豆沙包子馅儿最多”，“69前段时间做过红烧狮子头”，“82这段时间在做月饼，外厂的只有托关系才买得到”……反正只要生活在东郊的宿舍区里并做个善于倾听的有心人，你总能在不经意的见面寒暄中迅速获得最新的美食情报——“82信箱今年发的是果汁大冰，听说是人家厂里头自己做的！小袋的50袋一箱，大袋的30袋一箱，每人能领两箱！你们今年还是发汽水吗？这都6月底了，你们都还没发吗？”“听说69信箱他们专门开车从茂县和汶川拉回来了好多新鲜苹果，一人一箱地分给工人……听说我们厂也派车拉去了，过几天就发到大家手上！”

253信箱的馒头确是远近闻名地好吃。记得笔者五岁时，爷爷派笔者去楼下食堂打5个馒头回家，结果回家时边走边吃，到家后簸箕里的馒头只剩下了半个。爷爷大笑着问："怎么还剩了半个回来？"笔者答道："因为这半个不小心掉地上了。"

不久后，爷爷去世，当笔者从253幼儿园回到家，看见人们簇拥在堆满花圈的客厅灵堂前，高兴地手舞足蹈："哇！今天过节了，好热闹！"姑姑泪流满面地把笔者拉到一旁，小声说："奇奇，爷爷走了，爷爷再也不回来了……"

如今四十岁的笔者在写下这一段时，才忍不住泪流满面。

小食摊的味道

进入20世纪80年代后，个体经济开始出现，一些信箱厂的大门口有了专卖手工饺子和抄手的小食摊。笔者小时候对一切吃的东西都无比感兴趣，以至于偶尔会从幼儿园偷跑出来，到大门口驻足观看小食摊包饺子和抄手。工人们的熟练迅速自不用说，而一直以来笔者最大的疑问是："为什么包了那么多饺子和抄手，盆里的馅儿似乎没怎么变少？"

82信箱的抄手最是有名。笔者在82信箱采访时，一说起抄手店，一位老奶奶便介绍说："82有两家抄手店——两家都在一楼，都是在自己家里开的店。其中老店是钟水饺的工人开的，做了二十几年，味道很好；新店叫'82干海椒抄手'，是近几年才开的一家网红店。"

笔者执意邀请这位老奶奶一起去老店尝尝味道，老奶奶半推半就带笔者去到了老店。店主为一对老夫妻，妻子跑堂收钱，丈夫打理后厨。妻子的脾气很不好，常把丈夫呼来喝去，并不时数落着丈夫的种种不是；丈夫无话，只是偶尔偷闲从厨房走出来，站在桌前热情随和地和顾客聊几句天。

正品尝着美味的抄手，一对年轻夫妇推着婴儿车走进店来。丈夫是个金发碧眼的老外，据说来自英国；妻子就出生在82信箱。妻子告诉笔者，虽然她早不住82信箱了，但总是想念这家抄手的味道，以致每个月总要带上丈夫来吃上一碗。

灯光球场的光和影

69信箱和82信箱都有自己的灯光球场，更准确地说，灯光球场几乎是每个东郊家属区的标配。

平日里，灯光球场总是被一帮孩子霸占，他们或是在此嬉戏打闹，或是玩玩足球、篮球。灯光球场就是一个家属区的地标，那时的小朋友但要相约，多半都约在灯光球场见面。

灯光球场当然不仅仅是为小孩子而建造，每个厂每年在灯光球场都基本上会举办固定的五类活动：足球赛、篮球赛、趣味运动赛、坝坝电影以及新年的游园活动。

孩子们是最容易机敏察觉的——一旦发现有人开始调试球场的灯光和音响，那就意味着盛大的活动已近在眼前。若逢体育比赛，总有大人提前来到场地热身，而他们会呼喝一众小屁孩尽快离开场地，不要影响大人踩场训练。

另外，几乎每年新年将至时，灯光球场都会举办热闹的游园活动。套环、打弹簧弹珠、吹气球比赛、吃东西比赛等，各个项目都会吸引人们排上长队踊跃参加。比赛的奖品从一颗泡泡糖到一块肥皂不等。奖品往往不会现场发，而是由工作人员给参与者发奖券，之后，每个人再凭奖券到兑换区去兑奖。

最后是坝坝电影——只要不刮风下雨，坝坝电影一般会按时在周六的晚上放映。在家属区的门口，有人会早早地用小黑板和粉笔写出水牌，说明本周即将放映的电影名称。最让小朋友失望的莫过于《地道战》《地雷战》和《南征北战》《铁道游击队》，但这却是父辈们的最爱——无论他们看过多少遍，仿佛永远是百看不厌。放到经典片段时，总有人会情不自禁地跟着唱道："西边的太阳快要落山了，微山湖上静悄悄，弹起我心爱的土琵琶，唱起那动人的歌谣……"

小孩子看电影是少不了零嘴的。一分钱一袋的麻辣萝卜干，渐渐涨到了两分钱一袋；两分钱一袋的五香豆腐干，渐渐涨到了五分；五分钱一包的花生仁，渐渐涨到了一角。观影零嘴的价格虽一年年涨上去了，但灯光球场坝坝电影的放映频率却一年年地降了下来——去年还是周周都有的电影，今年忽然变成一月一映了，而到了明年，只有逢节日时才有放映……最终，电影的光影随东郊的光芒暗淡而逐渐熄灭，像老电影落幕后的乱码胶片，随着那些声音和气味，随着那些温度和笑容，镌刻在了东郊家属院红砖墙被孩子们胡乱涂抹的童年涂鸦里。

82信箱的两份回忆

由于笔者杂事缠身，只好托采访助理彭欢去到82信箱，并随机采访了两位老人。

家住82信箱的张荣忠老人已是八十五岁高龄，据她称：她1934年出生于乐至，1952年来成都上学；1958年，她到猛追湾后进入715厂工作；1984年，她以“六级工人”的级别从715厂退休；退休后在猛追湾的社区工作，协助管理社区治安、卫生、计生、纠纷调解等工作——她可谓在82信箱生活了一辈子。

“我刚来的时候这儿还没啥建筑，除了这几栋苏联修建的灰房子而外，其他全是农地、田坝子……这些灰房子最早是给苏联专家住的，后来就作为工厂分给工人的单身宿舍……1959年以后，这儿才逐渐有了银行、邮局、派出所和粮食局。交通方面，直到1984年左右，这儿才有了公共汽车……”

张荣忠的爱人是军人，原籍天津，1948年在河北参军，1949年解放四川时入川，1950年去了西藏。儿子去眉山当知青，本该第三年回成都，却在待到第四年时因感染寄生虫而在眉山病逝。

在那个年代，异地亲人之间只能是一封家书报平安。由于张荣忠工作的715厂是保密单位，故在对外写信寄信时都只能写“82信箱”。一次，张荣忠因给爱人寄信时不小心写了“715厂”，还被拉到厂里的保卫科接受训话……

另一位受访者叫陈福蓉，她1953年出生于猛追湾。

1971年，陈福蓉参加上山下乡运动，到了云南省沧源县勐省农场，1979年返回成都，顶替母亲在715厂的工作。

在陈福蓉工作的那个年代，715厂已经发展得红红火火。工厂里有礼堂、俱乐部、电影院、医务室、婴儿室、幼儿园（陈福蓉就是在

▲ 上图为82信箱的灰房子，下图为宏明军工厂纪念馆内部。 彭欢摄

此幼儿园念的幼儿班）、子弟校（小学和初中）以及自己的文艺队伍。厂里的文艺队伍由本厂职工组成，编排了很多红色舞蹈，比如《红色娘子军》舞剧，并外出巡演，轰动了整个成都。据陈福蓉说，当时出演这个舞剧的两位主演还因剧结缘，组建了一个幸福的家庭。

拆迁中的69信箱

▲ 69信箱的退休工人　刘云奇摄

69信箱宿舍区的拆迁来得如此迟缓，又来得如此突然。

一直以来都听说69信箱要拆迁，但因为在拆迁赔付一事上太难协商一致，所以迟迟只是“干打雷不下雨”，不料突然一天人去楼空，69信箱的拆迁已经在眼前了。

笔者来到69信箱宿舍采访那一天，碰见了坐在车棚外歇脚的老工人们。他们当年都是名校毕业，从五湖四海汇聚到69信箱，为中国的军工事业贡献了全部的青春，而如今，他们仍依依不舍地守在这里，守在这片永远的精神家园。

四院三司

西南电力设计院

西南电力设计院，全称为中国电力工程顾问集团西南电力设计院有限公司，成立于1961年，位于猛追湾东风路16号，现为世界五百强企业中国能源建设股份有限公司全资子公司。

作为我国电力建设行业的中坚力量，西南电力设计院在百万千瓦级超临界燃煤机组、核电常规岛、洁净煤发电、空冷机组、特高压交直流输变电、柔性直流输电等勘察设计前沿技术领域具有国内领先优势；在风力发电、光伏发电、地热发电、分布式能源、生物质发电、垃圾电站等新能源项目中具有充实的技术储备和业绩；在高端咨询方面实力雄厚，先后参与了全国电源电网规划、西电东送、青藏联网、川藏联网、川渝电力一体化等电力发展规划研究，为实现电力工业科学决策、科学发展发挥了智库引领作用。

根据一组截至2019年底的数据显示：西南电力设计院先后荣获国家科技进步特等奖、一等奖及省部级科技进步奖等二百余项；全国优秀工程勘察设计奖金奖及省部级优秀工程勘察设计奖和咨询成果等六百余项；国家优质工程金质奖、工程总承包金钥匙奖及省部级优质工程奖等近百项。并连续多年获得ENR / 建筑时报“中国工程设计企业60强”、四川省百强企业、成都市百强企业等称号。

辉煌的成绩源于众多人才的助力。说起西南电力设计院的专家团队，真可谓群星璀璨，不仅有熊显彬、苑奇这样享受政府特殊津贴的国家级专家，也有张华伦、曹卫东、王劲、孙斌、王斌、毛永龙、郭跃明、余熙、熊海星等一众行业技术领军人物。在《中国电力报》2010年9月7日第5版的一篇名为《人才济济实力强、群英荟萃企业旺——中国电力工程顾问集团西南电力设计院优秀技术人才集锦》的报道中，对以上专家做出的杰出贡献和辉煌成绩做了详细记录，本书因篇幅所限，故只摘引熊显彬和苑奇两位专家的部分内容——

记全国工程设计大师熊显彬

熊显彬是西南电力设计院的一位在工程设计领域的国家级大师，曾被授予"中国工程设计大师"的称号，他是首批四川省委直接掌握联系的高层次人才，并于2002年经国务院批准享受政府特殊津贴。

1959年，熊显彬考上了重庆大学热能动力装置专业。1964年，他被分配到了起步不久的水利电力部西南电力设计院。初进院时，熊显彬只是一个普通的设计人员，凭着日复一日的勤学苦干，他慢慢成了专业技术的带头人。1987年，他当上了设计总工程师。

1995年，时任电力工业部西南电力设计院副总工程师的熊显彬主持了漳州后石电厂工程设计。"当时的滨海电厂，我们国家自己设计的超临界机组还没有……我们也是在摸索中前进，根本无经验可谈。"在其后的工作中，熊显彬带领设计人员克服重重困难，进行了多项技术攻关和技术创新，解决了众多技术难题，创造了许多全国设计第一：充分利用地理条件，挖山填海造地，成为厂区范围全国最大，但单位容量用地最少的电厂；全长约

600米的钢结构主厂房为全国之最；在国内首次采用钢筋混凝土框架式结构设计了60万千瓦超临界机组基座，填补了国内超临界机基座设计空白；根据滨海电厂特点，设计出全封闭环保型圆形贮煤场，在国内尚属首创。

▲ 熊显彬　西南电力设计院供图

2001年12月，熊显彬退休后，又被西南电力设计院专家委员会聘为委员会成员，继续担负工程设计管理工作；2002年，他又陆续开始担任四川省优秀工程勘察设计奖、四川工程勘察设计大师、四川科技进步奖的评审工作，直到2013年6月底，熊显彬才算是闲了下来。

终于把时间交还给家庭的熊显彬，终于能陪着老伴买买菜、散散步了，据熊老说，这便是他如今最大的爱好。

记享受国务院特殊津贴专家、全国电力勘测设计行业资深专家苑奇

苑奇在西南电力设计院是出了名的“业务水平高、管理能力强”的资深专家。2006年，他被评为享受国务院特殊津贴专家，

2007年被评为四川工程勘察设计大师，2010年被评为全国电力勘测设计行业资深专家。

1982年，苑奇毕业于成都科技大学水利工程建筑专业。进入西南电力设计院后，苑奇凭着刻苦钻研的精神，成了一位名副其实的电力设计专家。在那个年代从事水工结构设计，一般人都只按照要求做出设计图纸就算完成了工作，但苑奇却要问清设计思路和原理，并深入了解其设计与其他专业间的关系。20世纪80年代还是手工画图设计，一般都是由设计人员先设计出草图，再由专业描图员进行规范描绘，而经苑奇设计的图纸，根本不需要描图员描绘，这在当时传为佳话。

2000年，西南电力设计院承担了我国第一台30万千瓦CFB锅炉示范电站——四川白马循环流化床示范电站的勘测设计任务。苑奇作为主管总工，在没有可供借鉴的同类工程经验的情况下，召集有关人员，通过一系列的专题研究和设计探索，成功掌握了30万千瓦等级CFB工程的系统设计关键技术，创造了当时世界上容量最大的燃煤循环流化床锅炉机组设计的新纪录，为燃煤发电和环境保护同步协调发展走出了一条新路。

2004年，苑奇撰写了《三维设计系统的开发与应用》一文，为西南电力设计院三维设计系统的开发和应用吹响了号角；2005年，他结合国家“十一五”规划，撰写了《在电力设计中落实科学发展观》一文，强调了能源高效利用和资源节约的重要性，以及电力设计应大力发展超临界发电技术、大力推进内陆核电站建设和大力开发新能源。

附录

历史沿革

1961年3月17日，根据水利电力部电力建设总局（61）电干字第041号文《关于成立西南电力设计院和有关人员配备的通知》，水利电力部西南电力设计院成立。

1988年11月9日，根据能源部文件（88）能源人字第82号，原水利电力部西南电力设计院更名为能源部西南电力设计院。

1993年5月11日，根据电力工业部文件电办〔1993〕71号，原能源部西南电力设计院更名为电力工业部西南电力设计院。

1998年1月15日，根据建设部、国家工商行政管理局《关于印发工程勘察设计单位登记管理暂行办法的通知》（建设〔1991〕483号），电力工业部西南电力设计院在成都市工商行政管理局申请登记注册，取得企业法人营业执照。

1998年5月25日，根据国家电力公司文件国电人资〔1998〕170号，原电力工业部西南电力设计院更名为国家电力公司西南电力设计院。

2004年9月9日，根据中国电力工程顾问集团公司文件电顾人资〔2004〕17号，原国家电力公司西南电力设计院更名为中国电力工程顾问集团西南电力设计院。

中测技术研究院

中国测试技术研究院位于玉双路10号，是四川省人民政府直属公益二类科研事业单位，业务归口四川省市场监督管理局，是集法定计量技术机构、第三方检测与校准机构、测试技术与标准研究机构三位一体的国家级综合性研究院。中测院面向全社会企事业单位提供计量检定校准、产品检验检测、工程测试与评价等技术服务，为企业提升产品质量和技术创新提供服务；受政府委托承担计量检定、计量比对、产品抽检、型式评价等法制计量工作，为政府履行市场监督职能，依法科学行政提供技术支撑。

中测院建院以来，取得了一大批具有重大社会经济效益的科研成果：共获得国家和省部级各类科技成果奖125项，其中国家技术发明奖、全国科学大会奖、国家科技进步奖等国家级科技成果奖21项，省部级各类科技成果奖104项；获得国家专利授权138项，其中发明专利

▲ 中国测试技术研究院大门　刘云奇摄

25项，实用新型专利113项；在SCI、EI、中文核心等期刊发表学术论文200余篇。

中测院现有职工600余名，高级职称以上114人。其中，中国工程院院士1名，享受国务院特殊津贴专家2名，国家级有突出贡献的中青年专家6人，四川省突出贡献的优秀专家9人，四川省学术和技术带头人1人，四川省学术和技术带头人后备人选14人。

中测院下设力学研究所、流量研究所、电子研究所、化学研究所、声学研究化、辐射研究所、光学研究所、机械研究所、生物研究所9个专业研究所；拥有2个国家级产品质检中心：国家计量器具产品质量监督检验中心（成都）、国家传感器质量监督检验中心；2个国家级检测、测试中心：国家质量检测动员中心、国家防灾减灾分析测试中心（成都）；2个标准化技术委员会：全国生化检测标准化技术委员会、全国机动车运行安全技术检测设备标准化技术委员会；1个计量技术委员会：全国光学计量技术委员会；2个省级工程技术研究中心和重点实验室：四川省现代产业测试与标准工程技术研究中心、茶叶标准与检测技术四川省重点实验室；主办中文核心期刊《中国测试》。

中测院主要业务领域有以下四个方面：

1. 国家计量基标准研究

建院以来共建立和保存了涉及几何量（长度）、热工（温度）、力学、电磁、无线电、时间与频率、光学、化学、声学、电离辐射等十大计量领域的国家基准、副基准38项，社会公用计量标准286项。

2. 计量检定与校准

作为国家法定计量技术机构、西南国家计量测试中心的技术依托单位，依据国家计量授权依法开展计量检定服务；依据中国国家认证认可监督管理委员会（CNCA）资质认定、中国合格评定国家认可委员会（CNAS）认可的资质能力为全国各地计量技术机构、科研单位、第三方实验室和数万家企业提供校准技术服务；承担政府部门指定的计量器具强制检定任务和政府委托的型式评价任务。

3. 产品检验与检测

获得中国国家认证认可监督管理委员会（CNCA）资质认定、中国合格评定国家认可委员会（CNAS）认可，专业从事传感器、计量器具产品、食品安全、环境保护、无损检测、元器件、新材料、机电工程、能效评价等领域的检验检测工作。

4. 工程测试与评价

针对国民经济建设和民生工程领域需求，充分发挥学科齐全的综合优势，为重大工程提供测试与评价服务。

附录

历史沿革

中测院的前身是中国计量科学研究院分院，1965年于国家三线建设时期作为国家计量基标准战略备份，始建于四川省大邑县鹤鸣乡；1980年，与国家西南计量测试中心合并，迁址成都；1986年，更名为中国测试技术研究院；2000年底由原国家质量监督检验检疫总局移交四川省人民政府属地管理。

十一设计研究院

信息产业电子第十一设计研究院科技工程股份有限公司（简称“十一院”或“十一科技”，英文缩写EDRI）位于双林路251号，是上市公司无锡市太极实业股份有限公司的全资子公司，是一家专业从事工程咨询、工程设计和工程总承包业务的大型综合性工程技术服务公司。十一科技在2019年ENR《中国工程设计企业60强》排名第29位，2019年ENR《中国承包商80强》排名第60位。主要服务于电子高科技与高端制造、生物医药与保健、市政与路桥、物流与民用建筑、电力、综合业务等6大业务领域，市场影响力深远。

成立至今，在一代又一代工程技术人员的不懈努力下，在一任又一任领导者的励精图治下，十一科技披荆斩棘，逐渐成长为中国著名的高科技工程设计院（涵盖集成电路、液晶显示、光纤光缆、光伏发电、生物医药、现代物流等领域）。在此，本书摘录十一科技不同时期领导人的经历，管中窥豹，以此再现十一科技自建院以来五十余年的风雨征程。

▲ 十一院在锦州时期（左上）、绵阳时期（左下）、成都时期（右）的办公楼　（锦州时期和绵阳时期办公楼图片由十一院办公室提供；成都时期办公楼为刘云奇摄）

第一任院长吕理复回忆录

（任职期：1965年3月—1966年8月）

艰难起步

十一院是在1964年成立的，地点在辽宁省锦州市，院址是锦州市未完工的锦州宾馆。当时锦州宾馆仅完成主楼的主体结构就“下马”了，后改造为十一院办公楼。十一院的技术干部主要由十院支援，部分由四机部从工厂抽调，再加上1964年、1965年毕业的大学生和中技校学生。

1965年，中央已部署三线建设的战略决策，四机部后来也决定将十一院向三线迁移，这样，刚初步在锦州安顿下来的十一院又要准备向四川绵阳迁移。新的院址在绵阳跃进路上一个基本建成但停工的技工学校的教学楼中。这一搬迁在1966年9月底完成。

之所以说十一院在艰难中起步，是因为十一院在建院之初，一方面在不断建设、不断迁移，一方面已有大量繁重的设计任务在身，这就面临边迁移边设计的考验。在1966年春夏的这几个月中，设计工作没有因为搬迁间断，许多同志都是在设计现场工作告一段落后，直接到绵阳跃进路新院址报到，搬迁经费也大大压缩。

前进阻力

“文化大革命”对十一院带来的磨难是深重的——组织纪律荡然无存，学习科学技术的风气低下，无政府主义严重，这对刚刚艰难起步的十一院危害甚大。当然在这段时期中，我们也做了许多比较正确的事，即十一院在“文化大革命”中始终维持着设计工作。

重整旗鼓

1976年，在粉碎林彪、江青反革命集团后，四机部以电子学会名义组织了部机关和少数京外单位的领导对日本的电子工业进行考察。我在调入十一院前曾在1964年到法国去过。时隔十多年，我深感世界电子工业的发展迅速，而我们在这些年中与发达国家的电子工业水平差距拉得更大了。电子工业设计机构的设计手段不能再停留在丁字尺、三角板、鸭嘴笔上，设计技术不论从工艺、建筑、结构上，还是从企业理念到员工素养上都要改变。洁净技术、电磁兼容、高纯水、高纯气体等新技术、新设备的出现，意味着对电子工业设计的要求越来越高，越来越精细，因此，摆在设计院面前的工作是要迅速重整旗鼓，开始新的征程。

我始终认为，要想进步，一是在思想上要有开创精神，二是要让年轻干部浮出水面，三是要提倡好学上进的风气。

第三任院长邓守廉回忆录

（任职期：1984年8月—1996年9月）

我在1984年8月被正式任命为十一院第三任院长，之后连任三届，1996年换届时退居二线。由于我当时担任着投资100亿元的“909工程”上海华虹NEC电子有限公司工程项目联合设计组组长，根据工作需要，院新班子发文授权我在该工程项目中代行院长职权，直到工程结束。

院址迁成都，艰难的历程

我上任后最重要的一项任务是院址搬迁。为适应国家改革开放的需要，原电子部决定将十一院从绵阳迁至成都。在四川省电子厅的大力支持下，省政府很快批示“同意在成都结合旧城改造选址建设”。之后经历了一些波折，直到1984年4月，成都市政府才批示可以“在新华东路选址建设”。

十一院在迁址这件事上，历经立项、选址、征地、规划、设计。

1985年开工建设，经过努力，终于在1988年暑期初步建成，形成生产能力，开始实施搬迁。批准进入成都户口的有400名职工，还有200多名职工及家属留在绵阳。

历史的实践已经证明，院址迁成都在十一院的发展史上留下浓重的一笔，是第二次创业，是一个新的重要的里程碑，为十一院改变了工作环境，也为十一院的职工子女改变了生活、学习和就业的条件，还为十一院的发展奠定了坚实的基础。

在发展中形成技术优势

十一院建院以来完成了大量工程设计任务，在长期从事电子行业特别是微电子工程设计中，不仅逐步拥有了自己的专业特长和技术优势，还拥有了一整套洁净技术资源和一大批优秀的专业技术人才。从成功的典型设计到各专业的应用软件，从不断总结经验、吸收先进技术到著书立说、编制规范，十一院在洁净技术领域的优势不仅在国内同行中处于领先地位，而且也为国际同行所认同。在拥有洁净技术优势的基础上，逐步将业务扩展到生物制品工程、光纤光缆工程设计上。在我任职的十三年中，承担了昆明、上海、武汉、兰州、成都等生物制品研究所的工程设计，比如上海朗讯工程一期，武汉长飞光纤光缆工程的一期、二期，武汉邮科院光纤工程等项目的设计。

总之，十一院以自己特有的洁净技术优势形成的微电子工程设计、生物技术工程设计、光纤光缆工程设计三个拳头产品立于工程设计行业之林。十一院在这方面的业绩还在不断提升。

第四任院长冯孝康回忆录

（任职期：1996年9月—2000年6月）

我的任职期从1996年9月至2000年6月，特别值得回忆的一件事是做出了回归CEC（中国电子信息产业集团有限公司）的正确选择。按国办发〔1999〕101号文，十一院改制的第一步是与政府主管部门脱钩，自主选择"婆婆"。

拿到这个文，我们首先想到的是能不能进大工委，成为文件说的"少数具备条件的大型骨干勘察设计单位"。进大工委的设计院全国只选十个，一个部最多有一个。这条路一堵，我们面临着一个三岔路口：第一条路可选择省、市地方政府为上级主管部门，这样势必会得到地方的很多优惠政策，其优点是政策灵活、办事方便，再也不用一趟一趟跑北京，缺点是变成了地方军，想沿海开拓就会增加很多阻力；第二条路是选择CEC，作为"中国电子"字头下的一员，这样无疑会有一种行业优势；第三条路是选择无主管单位，但这样就完全是民营了。

十一院到底何去何从，院领导进行了讨论。我和赵振元同志、吴晓卫同志两次去北京拜会当时的CEC董事长王金城，得到了王总的首肯。之后全体职工代表投票，多数票同意回归CEC。后来十一院的经营和改制的事实说明，回归CEC是正确的选择。

赵振元[①]带领下的十一科技走向辉煌

（任职期：2000年6月至今）

2000年7月14日，信息产业部人事司李雅玲处长到十一院宣布了《关于赵振元等7人职务任免的通知》，部决定由赵振元出任十一院院长。赵振元上任后，大胆改革，励精图治，率先在国有大中型设计院中整体改制，不断进行业务领域的转型，四次改制、四次转型，带领十一院走向了辉煌。

四次改制，凤凰涅槃

“把握历史性机会，实现体制性破局”，赵振元精准地形容这段历史的特点。党的十六届三中全会精神提出了国有企业改革的明确思路，让十一院迎来了重大的转折机遇。十一院在赵振元的带领下，把握时不我待的历史契机，突破禁锢、果断出击，让十一院率先成为国内首个成功整体改制的大中型设计院，为企业注入强大的发展活力。

2002年7月6日，信息产业电子第十一设计研究院有限公司宣告成立，十一院用短短的三个半月时间，成功实现第一次改制，CEC持股51%，全体员工持股49%；2004年5月，十一院完成第二次改制，国有

① 赵振元，1955年12月29日出生于浙江平湖，1976年12月毕业于西安交通大学，1997年至1999年在四川大学管理学在职研究生班学习，2002年至2005年在电子科技大学攻读在职博士，并于2005年4月获得博士学位。2000年6月至2002年6月，任十一院院长；2002年6月至2003年10月，任信息产业电子第十一设计研究院有限公司董事长兼院长；2003年10月至今，任信息产业电子第十一设计研究院有限公司董事长、院长兼党委书记。

股降低到35%，员工持股增加到65%；2010年8月，十一院完成第三次改制，创立信息产业电子第十一科技工程股份有限公司，简称“十一科技”。2012年9月，“十一科技”获国家知识产权局商标局颁发的商标注册证，“十一科技”正式成为国家级注册商标。

十一科技改制的步伐并没有停止，2014年12月至2018年3月，历经三年半的第四次改制，十一科技完成了与上市公司太极实业股份有限公司的重组，十一科技成为上市公司的全资子公司，成功迈入资本市场。

四次转型，勇立潮头

赵振元院长上任伊始，就敏锐地发现设计市场竞争日趋激烈，设计利润日趋下降，单纯从事设计已成为设计院的发展瓶颈。为了适应市场以及十一科技自身生存和发展的需要，赵院长明确提出“设计为核心、承包为主导、经营多元化、工程国际化”的发展战略，向总承包要规模、要效益，并陆续颁发一系列重要文件，组建相应机构，强力推动第一次战略转型。

2007年9月下旬，在成都文锦江经营峰会上，赵振元提出“向二、三线城市的战略转移，向新能源、新材料、多晶硅与建筑领域的战略性转移”，开启了第二次战略转型。十一科技安排许多微电子工程的专家向多晶硅领域转型，同时还制定特殊政策吸引化工等相关专业人才，通过与中国成达工程有限公司、新光硅业科技有限责任公司等企业结成战略伙伴以及加入中国石油和化工勘察设计协会获取技术及市场资源，陆续拿到了国电晶阳、神州硅业等一大批多晶硅设计和总包项目，转型经济效益显著。

2013年8月，十一科技聚焦光伏发电、城镇化物流、生物医疗三大历史性机会，发展大平台、大工程、大区域三大战略，采取了一系列措施，推动第三次战略转型，使十一科技在2013年的合同额达到81亿，再创历史新高。

2014年12月，赵振元在院庆50周年报告会讲话中首次提出服务与投资的“双轮驱动”发展战略，十一科技开始步入新能源和物流领域，实行第四次战略转型。到2019年底，十一科技持有光伏电站27座，装机容量达430余兆瓦，年发电量超过5.5亿度，光伏发电已成为十一科技利润的重要组成。

四次改制，涅槃重生；四次转型，四次奋进。十一科技在赵振元的带领下，同心同德，聚合力量，披荆斩棘，砥砺前行，以敢为天下先的勇气和智慧，树立了一个又一个里程碑。十一科技的营收从2000年的6000万，到2019年的125亿，增长了208倍；利润从2000年的86万，到2019年的6.13亿，增长了712倍；净资产从2000年的2000万，到2019年的45亿，增长了225倍；纳税额从2000年的279万，到2019年的2.68亿，增长了96倍。其中2018年是纳税最高的年份，全院共计缴纳税收4.14亿，是2000年的148倍。2000年至2019年纳税总计超过24亿；员工通过改制获得股权收益约20亿，大股东通过投资十一科技收益或浮盈60多亿，十一科改制与重组成为经典案例。

如今的十一科技是国内外响亮的品牌，在以集成电路为核心的电子行业，在以生物制药为核心的生物医药医疗行业，在以人工智能、数据通信、高端制造、现代物流为核心的新基建领域，在以光伏发电与风能为核心的新能源领域，在以美丽乡村为基础的城镇化建设中，十一科技的品牌影响力巨大。

附录

历史沿革

1964—1966：十一缘起

1964年，十一院的前身第四机械工业部第十一设计院在辽宁锦州成立，首任院长为吕理复。

为适应无线电工业的迅速发展和基建任务的日益繁重，经国家计委、国防工业办公室批准，1964年，四机部利用锦州市已停建的锦州宾馆中的一部分改建为第二个无线电工业设计院，全名为第四机械工业部第十一设计院，由此，十一院宣告正式成立。

1966—1984：绵阳奠基

1966年3月23日，四机部（66）四基字0890号文指出："根据加强战备，加强内地建设与充实内地设计力量的精神；结合我部第三个五年计划新建企业的布点精神；为使基本建设的设计力量更好地接近现场，部决定将本部第十一设计院由辽宁省锦州市全部（420人）迁往四川绵阳工作，以730厂使用的原绵阳无线电工业学校教学楼作为院址。"十一院即按这个文件规定从1966年第二季度开始搬迁，至同年9月底全部迁到了绵阳。

1984—2000：搬迁成都

1984年，为了适应国家改革开放的需要，在江泽民同志（时任电子工业部部长）与四川省委的共同关心下，上级一致决定将十一院搬出绵阳，迁到成都猛追湾。

1988年7月15日至31日，院总部机关和八个主要生产处室顺利搬迁到成都。这次搬迁是十一院发展道路上的一个里程碑。

2000—2002：整体改制

2002年7月6日，信息产业电子第十一设计研究院有限公司成立，公司在董事长赵振元的带领下整体改制为有限公司，CEC持股51%，员工持股49%。

2002—2014：深化改制

2004年5月25日，十一院完成深化改制、增资扩股的工商登记。CEC持股由51%降低到35%，员工持股由49%增加到65%。

2010年6月，十一院进一步改制为股份有限公司，更名为信息产业电子第十一科技工程股份有限公司，简称“十一科技”。

2012年9月7日，“十一科技”获国家知识产权局商标局颁发的商标注册证，从此，“十一科技”成为国家级注册商标。

2014—2018：资产重组

2014年12月，CEC将其持有的十一科技35%的股权转让给无锡产业发展集团有限公司。2015年1月，产权交割正式完成，十一科技大股东由CEC转换成无锡产业发展集团有限公司。国有股权转移对十一科技的未来产生了重大影响，由此开启了十一科技与上市公司太极实业股份有限公司的重组历程。

2018年3月，十一科技完成与太极实业的重组，十一科技成为上市公司的全资子公司。

2018至今：营收百亿

2018年，十一科技营收达107亿元，昂首进入百亿俱乐部。2019年，十一科技营收继续保持高位增长，达125亿。

建筑材料设计院

成都建筑材料工业设计研究院有限公司是经成都建筑材料工业设计研究院改制而成，其前身是重工业部建筑材料工业设计公司，始建于1953年。其坐落于新鸿路69号。经过六十多年的创业和奋斗，其已发展成为集科研开发、工程设计、工程总承包、装备制造、技术咨询、技术服务于一体，具有直接对外经营权，年营业额为数十亿元的中国建材工业大型设计研究院。如今，其业务范围已扩展到国内的26个省、市、自治区及国外的埃及、阿联酋、格鲁吉亚等国。

▲ 成都建材院办公楼　刘云奇摄

历史记忆[①]

北京管庄，学习王国

1955年，刚出校门的卜逢瑞被分配到位于北京东郊管庄的建筑材料工业管理局设计院矿山科。当年的设计院是在一片庄稼地里用铁丝网围起来的建筑群，四层主楼总面积两三千平方米，另有东西陪楼以及食堂、宿舍、俱乐部等。那时大院里全是碎石路面，小杨树也才一人来高。

矿山科里除了工程师莫文锦，其他全是三十岁以下的年轻人，所以大家都尊称莫文锦为“莫老”。莫老早年旅居法国，许是受法国人浪漫性格的影响，再加之是个老北京，说话幽默风趣，常把年轻人们逗得前仰后合。

和卜逢瑞年龄相仿的这帮年轻人刚参加工作就赶上了国家第一个五年计划，大家一方面心潮澎湃，一方面也都暗自觉得自己阅历太浅，水平太低。那时，管庄的办公室每晚都是灯火通明，年轻人们都趁着夜晚自觉地学习业务和理论知识，生怕一天不学就掉了队。在当年政治挂帅的大环境下，大家都不敢正大光明地学习业务，而是用一本政治书盖着一本业务书偷偷地学。据说院里有一位给排水工程师做得更绝，凡是开会或下班时间，他就拿着一本英文版的毛泽东著作单行本阅读。

① 参见成都建筑材料工业设计研究院有限公司的《建院五十周年随想录》。

建设三线，奔赴深山

1965年下半年，国家启动以攀枝花钢铁基地为核心的三线工业重镇的建设。由于建材工业是基础工业，必须先行建设，当年的西南工业建筑设计院组成了两个现场工作队，一是攀枝花市政设计工作队，一是水泥厂设计工作队。两个工作队在一名副院长的带领下奔赴攀枝花。

当年的攀枝花完全是一片荒山野岭，不要说城镇，连一个像样的村庄都没有。队伍从成都到攀枝花只能全程乘汽车，需要五天才能到达。工作队来到现场后，吃、住、工作都是在现场临时搭建的帐篷里。大家把图板放在床上就画图，遇到下雨的时候，还要用雨伞遮挡。在这样的条件下，工作队连续设计和建设了金江水泥厂和渡口水泥厂，取得了当年设计、当年施工、当年一次投产成功的成绩，为今后攀枝花的建设打下了良好的基础。

避乱江油，绝地求生

从1966年10月至1984年底，四川水泥院在江油度过了十八年，这是最困难的十八年，也是绝地求生的十八年。

1966年10月，为避免全院遭受“文化大革命”的冲击，经过动员，西南水泥工业设计院全院职工用一周时间，连同图书资料、桌椅家具、妻儿老小一起搬迁至江油二郎庙的江油水泥厂生活区。

1979年10月，建筑材料工业部在北京西苑宾馆召开了全国建材设计工作会议，到会的水泥设计院有：小屯自动化设计所，唐山水泥机械厂设计研究所，邯郸、跃县、华新、山东水泥工业设计所，江南水泥工业设计院和四川院（当时叫“江油水泥工业设计院”）。本来在会议前已商定将四川院搬迁至成都郊区新都大丰，可在大会的最后一天，会上突然宣布撤销四川院——效法苏联设立一南一北两个水泥设计院的做法，仅成立天津、南京两大水泥院。将山东所、小屯所、邯郸所、跃县所、唐山所的一部分集中到天津，成立天津水泥工业设计院；把华新所和江南院合并，成立南京水泥工业设计院。四川院的职工自主选择去天津或者南京。

1980年，四川院开始出现混乱——当时全院职工不足四百人，要求去天津院的仅六人，要求去南京院的有一百多人，另外还有不少人员纷纷开始流向全国各地。后经国家建材局研究，最终决定保留四川院，并要求尽量动员还未到南京的同志留下来。当年，四川院里你一堆、我一伙，各种意见针锋相对，人才不断流失。

1984年5月，四川院新一届领导班子成立。在国家建材局的直接干预下，确定让老家在江浙的四十一名同志去南京院，其他同志必须留下，这才使四川院最终稳定了下来。

翻越武山，钻研飞索

1974年，设计院承担了甘肃武山水泥厂的设计建设工作。武山水泥厂的矿山距厂区有十多公里，经过方案论证，采用单索架空索道运输矿石是最佳方案，但是，该方案要跨越国家铁路大动脉陇海铁路，还要跨越省级公路和河流并绕过村庄，工程十分复杂。以往遇到架空索道都是委托冶金、煤炭系统的设计院设计，而这一次，设计院下决心自己啃下这个硬骨头。通过向北京、昆明、重庆、南昌的有色院、煤炭院的专家请教，通过几十次翻山越岭，勘查线路，设计院完成了当时国内最大运量的单索架空索道设计工作，这是我国水泥行业第一次自己成功设计索道。紧接着，四川广安渠江水泥厂的双索架空索道的设计也取得了成功。

建设拉萨，造福高原

1982年设计的拉萨水泥厂，地处拉萨市郊区，海拔3710米，在当时是我国海拔最高的水泥工厂。

据曾任四川水泥工业设计院院长的汪继善回忆，当时的拉萨城市建设十分落后，由于能源奇缺，都是用锯末和牛粪作为主要燃料。整个拉萨市只有一个简易机场、一个招待所（自治区招待所）、一个饭店、一个书店、一个澡堂（每周为男女各开一次）。电视台播放的新闻是一周前的新闻录像，每天的报纸也是空运来的上周的报纸。

1981年，汪继善亲自到北京接受任务。国家建委重工业局局长石启荣，国家建材局局长杜恩训，副局长何祥、王建行亲自接见了汪继善并布置了此项任务，会上，各位领导反复强调拉萨水泥厂任务的重大意义，并说："四川院一向不怕吃苦，敢打硬仗。尽管你们院当前有很多困难，但希望大家以国家大局为重，克服困难，完成任务。"

1982年，四十人的现场设计队伍开赴拉萨。大家克服了高原反应、缺电缺水等生活困难，仅用时三个月就完成了这条当时在我国最高海拔的水泥生产线的设计。同时，这条生产线也是我国大中型水泥厂中第一条采用轻油作为燃料的水泥生产线，为以后的拉萨市机场建设、公路建设、市政建设提供了大量优质水泥。

1988年，汪继善再次来到拉萨参加水泥厂的生产验收。当他看见拉萨到处是宾馆、饭店和高楼大厦时，不禁为四川院感到骄傲。

如今，成都建材院不仅早已声名远播，而且更沿着“一带一路”，把优质先进的设计理念带到了全世界。在此，录胡亚民在建材院建院五十周年时所做《鹊桥仙》一首：

诞生北国，结庐蜀地，辗转几多苦怆。十年磨剑斩荆棘，始展翅，扶摇直上。　　豪情震虎，神州逐鹿，驰骋山河气壮，迎来春色满庭芳，举目望，路途正广！

附录

历史沿革

成都建材院有两个前身，一为四川水泥工业设计研究院，一为四川非金属矿山设计研究院。在1990年两院至猛追湾新鸿路合并联署办公之前，四川水泥工业设计研究院的历史大概可分为沈阳中山路、北京管庄、成都金华街、江油二郎庙、成都万年场五个时期；而四川非金属矿山设计研究院的历史大概可分为北京二里沟、石棉广元堡、温江西郊三个时期。

四川水泥工业设计研究院历史

沈阳中山路时期（1953年3月—1954年1月）

1953年3月，中央重工业部建筑材料工业管理局设计公司于沈阳市和平区中山路20号（原东北工业部建工局的五层大楼内）正式挂牌成立，这是中华人民共和国成立后的第一个专业建材工业设计单位。当时由史原野任经理，何奇伟、侯宝廷任副经理，不久，丁世厚亦调任副经理。赵真、张坚贞、黄钤长、黎万华等人都是最早一批进入公司的元老。

1954年1月，设计公司迁至北京东郊管庄。

北京管庄时期（1954年1月—1958年6月）

1955年，公司更名为中央重工业部建筑材料工业管理局建筑材料工业设计院。

1956年，分离为建筑材料工业设计院和北京水泥工业设计院。

1958年，建筑材料工业设计院改组为北京玻璃工业设计院，北京水泥工业设计院更名为北京水泥设计院。同年6月，北京水泥设计院分派出两部分人员：一部分到上海华东工业建筑设计院成立建材设计室；另一部分到成都西南工业建筑设计院成立建材室。

成都金华街时期（1958年6月—1966年10月）

1965年初，国家以西南工业建筑设计院建材室为基础成立西南水泥工业设计院；5月，西南水泥工业设计院在成都正式成立。

1966年8月，为避免“文化大革命”对设计院的冲击，原国家建筑材料工业部副部长杨涤生从攀枝花回京路上停留成都，并指示设计院尽快从成都搬至江油二郎庙；10月，设计院搬至江油二郎庙。

江油二郎庙时期（1966年10月—1984年底）

1968年12月，建材部派高立柱、毕明初到设计院成立了革命委员会。

1969年初，“工宣队”进驻设计院，并把设计院更名为“江油水泥厂设计院”。

1979年10月，建材部在全国建材设计工作会上宣布撤销四川院，导致四川院人才大量流失。后又经研究，才重新决定保留四川院。

1984年5月，四川院新一届领导班子成立；同年，四川院开始逐步搬迁至成都万年场。

成都万年场时期（1984年底—1990年5月）

1984年，四川院一边设计新的办公区，一边在万年场买下三栋共计一万余平方米的商品房作为职工宿舍；当年年底，全院职工基本都搬入万年场宿舍区。

四川非金属矿山设计研究院历史

北京二里沟时期（1960年—1965年5月）

1960年，国家组建了建筑工程部非金属矿山设计研究院，原址设在北京西郊二里沟。设计院北邻北京动物园，南邻建工部建筑科学研究院，东邻北京建筑工程学院，西邻北京市政治学校。院办公地为建工部新建的八层招待所（现国谊宾馆）的五至八层。

1965年5月，为响应国家关于设计单位“下楼出院”的号召，非金属矿山设计研究院搬离北京，分别组建了建筑材料工业部非金属矿山设计院四川分院、苏州分院、新疆分院。其中，四川分院建院在离石棉县城约四公里的广元堡四川石棉矿第三采矿场场部附近的山包上。

石棉广元堡时期（1965年5月—1977年底）

1977年底至1978年初，全院约一百七十名职工陆续搬离石棉县，进驻温江，院名更名为国家建筑材料工业局第二非金属矿山设计院。

温江西郊时期（1977年底—1990年5月）

1980年，院名更名为四川非金属矿山设计研究院。

1985年3月，国家建材局发文，决定将四川非矿院和四川水泥院合并，组建成都建筑材料工业设计研究院。

1985年12月26日，国家建材局投资司审查批准成都建材院建院工程计划任务书，院址选在成都市猛追湾新鸿路，征地三十八亩。

1990年5月，新办公楼及家属区基本建成并投入使用，两院职工进驻并合并办公，成都建材院正式组建完成，全院职工约六百七十人。

中国石油西南油气田分公司

西南油气田分公司是分别在纽约和香港挂牌上市的中国石油天然气股份有限公司的地区公司。1999年10月，中国石油天然气集团公司将四川石油管理局核心业务剥离，通过重组改制成立中国石油天然气股份有限公司西南油气田公司；同年12月24日，中国石油天然气股份有限公司西南油气田公司更名为中国石油天然气股份有限公司西南油气田分公司（简称西南油气田分公司），总部设在府青路一段5号。

西南油气田分公司是中国天然气工业的奠基者、开拓者和技术标准的主要制定者，主要负责四川盆地油气勘探开发、天然气输配和川渝地区的天然气销售与终端业务，以及中国石油阿姆河项目天然气采输及净化生产作业，具有天然气上中下游一体化完整业务链的鲜明特色，是西南地区最大的天然气生产供应企业，辖川中、蜀南、重庆、川西北、川东北五大油气区。建有一座最大应急日采气能力2855万立方米的相国寺储气库，区域管网通过中贵线和忠武线与中亚、中缅、西气东输等骨干管道连接，是中国能源战略通道的西南枢纽。

2000年至2004年，西南油气田分公司实现销售收入360亿元，上交税费15亿元。2004年，四川油气田建成国内首个百亿大气区，实现“川气出川”。2005年，销售收入突破130亿元。2006年，成为首个以生产天然气为主的千万吨级大油气田，形成了完整的上中下游一体化产业链。2009年，生产天然气150.32亿立方米，较1999年重组时翻了一番，十年再造一个油气田。2017年，营业收入450亿元，上缴税费首次突破40亿元。2019年，天然气净产量达到268.6亿立方米、销量288.3亿立方米，产量和销量创历史新高；生产石油液体5.7万吨。天然气净产量同比增加42.3亿立方米，增量占中国石油总增量的45%、全国的三分之一，增幅在集团公司十六家油气田公司中排名第一。

2019年12月17日，在四川省企业联合会、企业家协会主办的2019年四川企业100强发布暨四川企业发展峰会上，西南油气田分公司在“2019四川企业100强”名单中排名二十位，连续十五年获“四川企业100强”称号。在“2019年四川省企业纳税10强”名单中排名第五，在“2019年四川企业利润10强”名单中排名第三。

历史记忆[①]

特急调运60天

1958年4月，川中石油会战的序幕徐徐拉开。石油工业部从全国各油田调集大批队伍奔赴川中一线，会战所需的钻机等各种石油物资，也紧急从东北、西北、华北、华东等地涌上入川铁路，运往重庆九龙坡车站。最多的一天有86个车皮的物资抵达，铁路旁一片数平方公里的三角地带被堆得无立足之地。

一方面是重庆铁路局频频告急，一方面是九龙坡器材堆卸杂乱无章，川中石油会战前沿急需的物资运不上去，于是勘探局决定：特

① 参见《中国石油西南油气田组织史资料》。

▲ 中国石油西南油气田公司　刘云奇摄

急梳理九龙坡2万多吨石油器材，调运到240公里外的南充。特急，意味着容不得有半点懈怠。器材库的10多名工作人员，调集几十辆运输车，对现场3公里长的杂乱物资进行紧急装运，每天工作17个小时以上，一个个熬得眼眶凹陷。有些装卸工人只要5分钟没来车，就能靠着器材眯瞪一觉，但即便这样仍难解会战前线的燃眉之急。很快，省局及重庆等多方决定，迅速从地方和部队调集几百辆运输车开到九龙坡，形成了328辆车和几十名装卸工的强大阵容。

1958年4月到6月那段日子，几百辆各型运输车此起彼伏地鸣着喇叭，日夜穿梭在重庆九龙坡至南充的数百公里路段上。举目一望车轮滚滚、浩浩荡荡，拖着长长的钻杆套管，码得高高的柴油机件时隐时现在弥漫的烟尘中。特急调运60天，就是在这种“战争状态”下度过的。60天里奇迹般地装运4028辆车次，没有发生任何事故。2.3万多吨物资穿山越水，调往南充，及时装备了云集前沿的地震队和钻井队。

“一串糖葫芦”

1965年，在川南矿区的小招待所听取四川局勘探成果汇报时，时任石油工业部部长的康世恩将泸州气矿绘制的川南三叠系古侵蚀图中长垣坝一长串的构造带，形象地称为“一串糖葫芦”。就是这“一串糖葫芦”，凝结了无数川油人的艰辛，终于在世界上最为复杂的地质条件下，为四川的开气找油会战亮出了一缕曙光。在这串“糖葫芦”上，相继发现了老翁场气田、付家庙气田、长垣坝气田、沈公山气田、打鼓场气田、五通场气田、旺隆气田和太和场气田。1965年11月，川油人经过艰苦奋战，在老1井向“糖葫芦”咬下了第一口，并从此在这串“糖葫芦”的勘探开发中，使泸州气田成为当时四川的主力气田，从而打开了四川油气田的勘探开发局面。

附录

历史沿革

西南油气田重庆办事处（1950年7月—1952年11月）

1949年12月，西南军政委员会工业部接管四川油矿探勘处和重庆营业所。

1950年6月，根据第一次全国石油工业会议决定，改组四川油矿探勘处和重庆营业所，设立中华人民共和国成立后四川的第一个石油机构——中央燃料工业部石油管理总局重庆办事处，统管中华人民共和国成立初期的四川石油探勘和物资转运工作，接受石油管理总局和西南军政委员会工业部的双重领导。其办公地址设在重庆市枣子岚垭94号（1951年3月迁往重庆市和平路潘家沟1号）。7月1日，办事处正式成立，设管理部门4个，所属单位7个。随后，机构几经调整，至1951年，有所属单位3个，职工总数371人。

1952年6月，中央财经委决定，重庆办事处划归西南军政委员会工业部直接领导，但行政上仍接受燃料工业部和西南军政委员会工业部的双重领导。

西南石油探勘处（1952年11月—1954年4月）

1952年11月，经中央财经委批准，重庆办事处改组为西南石油探勘处，直属石油管理总局领导，行政上由西南军政委员会工业部直接领导，业务上受中央燃料工业部石油管理总局指导，年底又划归石油管理总局直接领导。该处主要负责四川盆地地质普查、水文普查、构造细测、地球物理普查和深井钻探等油气探勘基础工作，组建有24个野外地质队、4个深井钻井队。

1953年7月，西南石油探勘处机关由重庆市迁往成都市狮子巷75号，并在重庆成立西南石油探勘处重庆供应站，负责重庆器材储运事宜。年底，探勘处职工总数增加至2016人。

西南石油钻探处、西南石油地质处（1954年4月—1955年4月）

1954年4月，根据第五次全国石油探勘会议关于全面进行四川油气探勘工作的精神，中央燃料工业部石油管理总局决定撤销西南石油探勘处，分别成立西南石油钻探处和地质处，负责西南地区的钻探和地质工作，隶属石油管理总局钻探局领导。办公地点在成都市狮子巷。至1954年7月，西南石油钻探处有职工1961人，西南石油地质处有职工1119人。

四川石油探勘局（1955年4月—1955年11月）

1955年4月，鉴于钻探和地质工作归口不同部门管理，工作协调难度较大，为方便工作，经中央燃料工业部批准，石油管理总局决定撤销西南石油钻探处和西南石油地质处，成立中央燃料工业部石油管理总局四川石油探勘局，行政级别正局级，统一领导四川地区石油地质、钻探及隆昌气矿炭黑厂生产。同年5月，四川石油探勘局在成都西南石油钻探处原址正式成立。同年9月，四川石油探勘局划归新成立的石油部领导。

四川石油勘探局（1955年11月—1958年5月）

1955年11月，四川石油探勘局改称四川石油勘探局，行政级别正局级。机关设处室25个，所属基层单位16个，职工总数5523人。局机关设在成都市小关庙街附4号，1957年秋迁往成都市府青路一段3号。四川石油勘探局的工作任务是以中生界地层为主要对象，加强地质及地球物理勘探，完成重力磁力普查任务，开展地震剖面研究工作，综合研究地质资料，在寻找油气方面提出新的依据，为打探井做准备。至1957年底，四川石油勘探局有所属基层单位19个，职工1.29万人。

四川石油管理局（1958年5月—1970年6月）

1958年5月，四川石油勘探局改组为四川石油管理局，行政级别正局级，隶属石油工业部，机关办公地址设在成都市府青路一段3号。工作职责是统一领导四川、云南、贵州、广西地区的石油地质勘查、钻探、油气开发等工作。机关设处室13个，所属基层单位10个。1958年底，职工总数达3.19万人。1962年，根据石油工业部精简机构、压缩劳动力的精神，调整全局组织机构、人员结构。年底，共精减下放职工1.04万人，职工总数降为2.15万人。1964年，四川石油管理局有2个油矿、3个气矿、3个厂等27个基层单位。至1966年，机关设处室22个，所属基层单位26个。

四川省石油管理局（1970年7月—1979年7月）

1970年6月，经国务院批准，四川石油管理局下放四川省，实行省、部双重管理并以地方为主的领导体制，业务上由新成立的燃料化学工业部管理，同时更名为四川省石油管理局。同年11月，局机关由四川威远县曹家山迁返成都市府青路一段3号。机关设管理部门4个，所属基层单位31个，职工总数4.1万人。

1974年2月，中共四川省石油管理局第四届委员会成立后，行使中共四川省石油管理局革命委员会核心小组职能，恢复“文化大革命”前的机关职能部门。同年3月，经中共四川省委同意，撤销四川省石油管理局军事管制委员会。年底，职工总数5.27万人。

1975年1月，四川省石油管理局仍实行四川省、石油化学工业部双重领导，以省为主的领导体制，名称仍用四川省石油管理局革命委员会。机关设职能部门25个，所属基层单位29个，职工5.63万人。

1978年7月，经中共四川省委批准，四川省石油管理局不再沿用革委会体制，将行政名称由四川省石油管理局革命委员会改为四川省石油管理局。

四川石油管理局（1979年7月—1999年7月）

1979年7月，四川省革委会、石油化学工业部党组决定，四川省石油管理局恢复为四川石油管理局，仍实行石油化学工业部和四川省双重领导，恢复以部管为主的管理体制，行政级别为正局级。其主要工作职责是负责四川盆地的油气勘探、开发、销售工作。机关设职能部门29个，所属基层单位36个。至1987年，四川石油管理局有职工9.91万人。

1987年2月，中国石油天然气总公司成立后，四川石油管理局隶属总公司管理，工作职责、行政级别和机关所在地均未变化。

1998年7月，中国石油天然气集团公司成立后，四川石油管理局的组织机构和领导班子延续总公司时期的状况。机关设处室36个，直、附属单位8个，所属基层单位49个，在册职工10.74万人。

1999年7月，按照集团公司决定，四川石油管理局进行重组改制，完成核心与非核心业务的分开分立，负责工程技术服务、加工制造、生产服务、多种经营和社会服务等非核心业务管理，下设机关部室21个，直、附属单位11个，所属基层单位48个，有在册职工8.1万人。

西南油气田公司（1999年7月—2019年12月）

1999年7月18日，中国石油天然气集团公司批准四川石油管理局重组改制方案，成立中国石油天然气股份有限公司（下文简称股份公司）四川油田公司，油气勘探、开发、管输、炼化、营销、部分科研等核心业务划入新成立的公司，设二级单位17个、机关职能处室10个。同年10月20日，经中国石油天然气集团公司批准，股份公司四川油田公司更名为股份公司西南油气田公司。12月24日，中国石油西南油气田公司更名为中国石油西南油气田分公司，主要经营川渝地区油气勘探开发、油气集输、储运、油气产品销售，油气生产范围主要分布于重庆、川南、川西南、川中、川西北等五个油气区。西南油气田分公司作为股份公司所属地区分公司，行政上由股份公司直接领导，业务上由勘探与生产分公司归口管理。至1999年底，西南油气田分公司机关设职能部门10个，直、附属机构7个，所属基层单位17个，在册员工2.61万人。

2005年1月，集团公司将隶属四川石油管理局的南充炼油化工总厂、成都六菱化工厂、川东天然气净化总厂、天然气研究院、川西北公共事物管理中心5个单位的部分业务和人员交西南油气田分公司托管。

2008年2月，集团公司对四川石油管理局资产业务持续重组，组建川庆钻探工程有限公司，并授权西南油气田分公司对四川石油管理局留存的业务、资产及21个单位实施委托管理。重组整合后，四川石油管理局有20个单位划入川庆钻探工程有限公司，包括13个工程技术服务单位、4个科研及教育单位、1个生产保障单位、2个后勤及生活单位。

2009年10月，根据集团公司部署，西南油气田分公司将托管的装备制造公司、成都天然气压缩机厂分别移交给宝鸡石油机械有限责任公司、济南柴油机厂；同年11月，将所属南充炼油化工总厂整建制划转中国石油四川石化有限责任公司管理。

截至2018年年底，西南油气田分公司有机关职能处室17个、机关直属机构13个、机关附属机构2个，所属二级单位43家。有在册员工32361人，其中合同化员工28233人，市场化用工4128人。

川庆钻探工程有限公司

川庆钻探工程有限公司隶属中国石油天然气集团有限公司，位于猛追湾街6号。公司主营钻井工程、录井、固井、储层改造、试修井及油气合作开发等业务，是国内技术实力最强的油气工程技术服务商。主要服务于国内西南油气田、长庆油田、塔里木油田以及海外市场的土库曼斯坦、巴基斯坦、厄瓜多尔等国家和地区。

截至2017年末，公司资产总额426亿元。在六十余年的勘探开发历程中，川庆钻探工程有限公司形成了一套较为完善的油气工程技术体系、技术标准，天然气勘探开发工程技术国内领先，页岩气领域工程技术领跑国内，部分技术进入国际一流行列。

作为国家级高新技术企业，川庆钻探工程有限公司承担或参与863研究项目等15项国家级重大科研项目，先后获得国家级科技奖7项、省部级科技奖131项；累计获授权专利1602件，其中发明专利564件。获得国家战略创新产品1项、国家重点产品3项，集团自主创新重要产品29项。拥有享受国务院特殊津贴专家5人，集团公司高级技术专家12 人，1人入选国家“百千万人才工程”。建有低渗透油气田国家工程实验室等一批重点创新平台，拥有中国石油重点实验室5个，另建有博士后科研工作站。

近年来，川庆钻探工程有限公司在川渝地区与西南油气田分公司共同推进300亿大气区和页岩气示范区建设。在长庆地区，作为工程技术主力军，支撑长庆油田快速上产稳产5000万吨，建成我国最大油气田。在新疆地区，围绕塔中、塔北、库车山前、北疆等重点区域，打成一批“一字号”井、重点发现井。在土库曼斯坦，完成了阿姆河右岸产能建设、南约洛坦100亿EPC总包项目。

历史记忆[①]

血与火的战斗

1966年6月22日，正当32111钻井队进入合江塘河1号井的关井测压，准备放喷测试的关键时刻，气井压力急骤上升，强大的天然气流像一匹野马从井底冲出，将井口的两根无缝钢管憋破，发出惊天动地的爆炸声。爆破口喷出的高压天然气流，卷起地面的碎石泥块，扫向钻机和柴油机房，冲破了钻台底下的防爆灯泡。顿时，熊熊烈焰腾空而起，形成足有四五十米宽、三四十米高的火海，几公里外可以听见响声，一二十公里外可以看见火光。

凶猛的气流火浪，形成了一个扇形，像飓风一样，横扫井场，直冲对面的山岩，又倒卷回来，在空中、地上翻腾、咆哮。四十多米高的钢铁井架三分钟后就被烈焰烧倒，柴油机被烧成铁砣，喷气声震耳欲聋，光刺得人什么也看不清，附近山坡上的岩石也烧得烫人。气田面临着毁灭的危险。

---

① 虽然川庆钻探工程有限公司成立于2008年2月，但因其前身为原四川石油管理局下辖的与钻探工程相关的业务部门，故此部分参考自《中国石油企业文化辞典》（石油工业出版社，2018年）中“企业故事”部分。

4号、5号、8号闸门是放喷闸门，如果能打开这个闸门，把天然气引出井场，火势就会大大减弱。在这紧急关头，作为一班副班长的共产党员张永庆没有丝毫犹豫，箭步向前，直冲4号闸门。横在闸门前面的是熊熊烈火，当张永庆穿过爆破口时，强大的气流、火浪带着千斤重量，向他迎面打来，张永庆身躯在火光中一闪，便被冲倒在两米外的火海中。就在此时，副司钻王平也冲向4号闸门，但他没走几步，也被火浪击倒，他奋力抓住井架上的角铁，满身是火，坚强地站了起来，直到火焰吞没了他年轻的生命。不满二十岁的钻工王祖民负责看守2号闸门，烈火燃烧后，他双手紧握手轮，牺牲在闸门旁，像一棵青松傲然挺立。还有监控压力表的罗华太、看守机房的吴仲启，都在烈火中坚守岗位，为保护国家财产献出了宝贵的生命。

烈火在燃烧，巨大的爆炸声惊醒了全队职工，有的抓起棉被、棉衣和麻袋，有的拿起脸盆、水桶和其他一切可以灭火的工具，投入这场血与火的战斗。火场就是战场，没有一个人畏惧，没有一个人退却，全队职工用生命与烈火搏斗，用鲜血创造着人间奇迹。副指导员雷洪炳，在与烈火搏斗中被毒气熏倒，但他一醒过来又冲向火海，先后四次冲进火海。还有王有发，三次用湿棉被去盖着火的井口，都没有成功，到后来干脆就把湿被子往身上一裹，嘴里呼喊着："你烧吧！你烧吧!"连人带被子向火口堵去。学徒工徐光益昏倒在水沟里，其他同志把他扶了起来，他又拿起水龙头，冲进火海，掩护前面的同志。冲去保护井口的四班同志，全部被烈火烧伤。黄成厚被气流掀倒后，趴在地上，双手抠着泥土还向手轮滚爬过去，当他抓住手轮时，双手都粘在烧红的闸门上了，他强忍着剧痛，坚持打开了闸门。

被气浪掀出火海的冉树荣，想到自己的同志还在机房时，转身冲进机房，在烈火中寻找亲人……

32111钻井队的职工用鲜血和生命战胜了烈火，保住了天然气井。三十分钟的生死搏斗，创造了可歌可泣的英雄事迹，塑造了一代石油工人的光辉形象。

中国钻井队

1985年3月，根据伊拉克国家石油公司与中国石油工程建设公司签订的合同，由四川石油管理局56名职工组成的“中国石油建设工程公司钻井一队”风尘仆仆赶到伊拉克南部油田，开始为期一年的异国钻井工作。这是一个值得记住的日子——它是中国有史以来第一次派出石油队伍到国外钻井。

伊拉克南部油田位于一望无垠的大沙漠之中。灰蒙蒙的地平线隔绝了城市、绿洲，没有一丝生命的痕迹，犹如一片死寂的世界……中国钻井队的营地，就建在这片荒漠边缘。说是营地，不过是用推土机推平了沙丘，安上一排活动平房而已。窄小的室内布满灰尘，铁架床上扔着一条旧毛毯，除此之外，再没任何东西可称得上“生活设施”。

到油田的第二天，中国钻井队正式在祖拜尔90号井开始工作。伊方交给中方的设备是苏联20世纪70年代的产品，国内从未使用过。由于管理不善，设备到处锈迹斑驳，黑污的油泥足有一厘米厚。柴油机漏水、漏油，没有护罩，松松垮垮，一启动便筛糠似的抖个不停。

刚到伊拉克的一个月，56名中国人完全可以说是“吃了上顿没下顿”。每天的“下一顿”，都需要派人到几十公里外的自由市场高价采购食材才能得以维持。由于自己开伙，营地又经常停水、停电、缺燃料，故而日常生活异常艰难。

亚热带沙漠气候十分炎热，在火焰般的阳光的直接灼烧下，温度计的水银柱拼命上升，一直爬到46摄氏度——这是中国钻井队在正午的室外实地测到的气温，而营地发电机却经常坏，停电后，空调自然也停了，闷在蒸笼般的寝室里，比待在室外让烈日曝晒更让人受不了。大家只有不停地在营地周围的沙丘上走来走去——沙漠上寸草不生，附近连棵能遮阴的树都没有，但如果站着不动，一会儿就会被晒得头昏眼花……

最令人担忧的事终于还是发生了。肠胃炎和消化系统疾病在营地蔓延开来。短短半个月工夫，全队竟有一半以上的人开始拉肚子，而且一拉就是几天、十几天。随队医生戴志开那间既是寝室又是医务室的小屋中，取药的人络绎不绝，却没有任何人提出要开病假条。1985年5月26日，由中国钻井一队主打的祖拜尔90号井顺利完井。打这口3455米深的产油井，他们只用了62天，比伊方设计时间整整提前24天，并且质量优良，施工安全、快速。8月14日，中国钻井一队又打完了祖拜尔93号井，这口井完全由中国钻井一队独立完成。伊方雇来罗马尼亚测井队测井，质量全优通过。罗马尼亚测井工程师对中国技术人员说：“这是整个祖拜尔油田井身固井质量最高的一口井！”临走时，罗马尼亚测井队长时间地按响汽车喇叭，向井场上的中国工人们表示深深的敬意。1986年春节前夕，中国钻井队又一次提前18天优质安全地钻完来伊的第四口井——祖拜尔98号井，并在钻井过程中，创造了11个小时安全、快速下完2291米9英寸半套管的南部油田历史最高纪录。

钻井一队以自己的辛勤劳动，为中伊两国石油勘探的长远经济技术合作开拓了一条光明大道。1986年2月4日，中国钻井二队应邀来到祖拜尔油田；中国钻井三队赴伊的合同也同时在巴格达草签。在伊工作384天后，4月23日，钻井一队的56名同志满载伊拉克人民的信赖和为祖国争得的荣誉胜利回国。

附录

历史沿革

川庆钻探工程有限公司是于2008年2月由原四川石油管理局、长庆石油勘探局及塔里木油田的工程技术等相关业务单位组建而成。公司历史沿革可参考本章上一节《中国石油西南油气田分公司》“历史沿革”部分。

雅砻江流域水电开发有限公司

雅砻江流域水电开发有限公司位于双林路288号，原名二滩水电开发公司。公司股东方为国家开发投资集团有限公司和四川省投资集团有限责任公司。公司主要业务为水力发电，根据国家发改委授权，负责实施雅砻江流域水能资源开发，并以“流域化、集团化、科学化”的全新模式实施运营管理。同时，雅砻江流域水电开发有限公司积极推进雅砻江流域清洁能源基地建设，着力打造雅砻江清洁能源品牌。

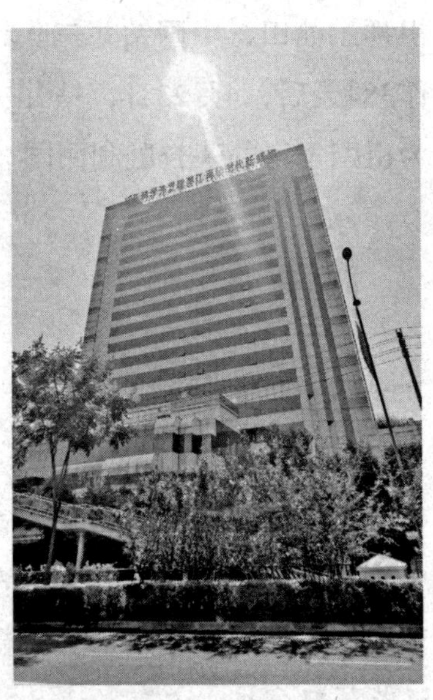

▲ 雅砻江流域水电开发有限公司办公大楼　彭欢摄

历史记忆

勘探二滩

四川有着极其丰富的水利资源，被众多水利专家称为“世界水能大宝库”，然而直到20世纪90年代初期，四川水能资源的开发利用率仅为3.3%，全省装机容量仅有700多万千瓦，供电量仅能满足需求量的三分之一。因供电量不足，当年四川的企业供电普遍采用的是一周内“停三供四”甚至“停五供二”的办法，这严重制约了四川的经济发展。

其实在1956年初夏，由中科院和成都勘测设计院第四普查队的年轻队员组成的联合考察队第一次来到了雅砻江边，本将深入开展的勘查工作却因当年有山匪拦路，考察队只好改道去了青衣江。

1958年，成勘院又组织了一支雅砻江勘查队，4月，成勘院的高级工程师郑平带队向雅砻江下游一段迈进，“当时条件十分艰苦，从金矿（今里庄）到洼里要翻越锦屏山，最高的地方在海拔四千二百米以上，到处云雾缭绕。我那时年轻，不觉得有什么高山反应，只是找不到路……金矿到洼里直线距离只有十多公里，但为了沿江考察，我们足足走了三天。洼里就是现在规划的锦屏水电站所在地，当时我们称它为‘三滩’。[①]”9月26日，当勘查队终于来到一个叫四方牛的地方时，队员们突然高兴得又跳又笑起来，因为此处是一个十分优秀的坝址，这个坝址便在后来赫赫有名的二滩坝址附近。

1964年，原水电部等多家单位又先后多次对雅砻江进行了勘探。1965年，水电部还成立了锦屏水电工程指挥部，著名水利水电工程专家潘家铮院士任指挥部勘测设计办公室副主任。

雅砻江流域自然条件恶劣，当时进出极为不便，很多地方汽车无法行驶，必须依靠骡马代步和运送物资。据说当年潘家铮院士在初进锦屏山时写下了一首七律：“峰如斧劈江边立，路似绳盘洞里行。处处青山可埋骨，何须回首望归程？”由此可见当年地势之险。[②]

① 李林樱：《雅砻江的太阳》，天地出版社，1998年。
② 刘青山：《中国田纳西，若水新传奇》，《国企》2012年第5期。

▲ 雅砻江流域水电开发有限公司历史陈列馆　彭欢摄

建设锦屏

锦屏山位于木里、盐源、冕宁三县交界处，原本自北向南流向的雅砻江在此处来了个近180度的大转弯——这就是长约150公里的锦屏大河湾。这里的水能资源极其充沛，可谓天赐于此的丰厚宝藏。

锦屏水电站便选址在此，包括锦屏一级和二级水电站。锦屏一级水电站是雅砻江下游从锦屏至河口河段水电规划梯级开发的龙头水库，大坝设计坝高305米，为世界上已建、在建和设计中最高的双曲薄拱坝，其施工难度为世界罕见。锦屏二级水电站上游紧邻锦屏一级水电站，下游依次为官地、二滩、桐子林水电站。

中国工程院院士马洪琪曾评价锦屏水电站是一座世界上最难建的水电站，“不仅技术难度最大、施工难度最大、环境危险最大，管理难度也最大”。

据刘凯南在《情撼锦屏》中的记载，2003年左右，锦屏水电站的建设者们不但面临交通困难，还有住宿、吃饭、饮水、通信、用电等诸多困难。当年，锦屏水电站工程指挥部因进驻不了锦屏一级水电站工地，只好住在一百多公里外的磨房沟镇的一个简陋的招待所里，来回一趟得好几天，回来后，车也得修理好几天。据说有时车上的螺丝被颠掉了，还得用铁丝临时捆扎车部件。即使到了2005年，还有十一个住在解放沟的长江委监理人员挤在二十平方米的活动板房里的六张高低床上。施工建设产生了大量扬尘，即使把窗户缝用宽透明胶纸封死亦无用——人们白天在室内工作，除了关紧门窗，还必须戴上口罩；晚上睡觉时会被灰尘呛醒，不得不在鼻子上搭湿毛巾防灰。

但即便困难再大，也挡不住建设者的步伐。时任二滩水电开发有限责任公司总经理的陈云华为了能亲自到工地的各个施工部位和营地设点部位查看，常常在崎岖的山路上一爬就是一天。一次在去往工地的途中，飞石击穿车窗，砸中了陈云华的手臂，导致其手臂骨裂。

2004年，时任锦屏水电站建设管理局常务副局长、党委书记的祁宁春在锦屏水电站前期建设最艰难的时候，一年三百多天待在工地。为保障工程进度，祁宁春时常开会到凌晨。一间六平方米的集装箱成了祁宁春的办公室兼宿舍——来这里找祁宁春谈工作的人络绎不绝，经常他从工地一回来，沾满泥土的工作鞋和工作服还来不及换，就开始和在门口排成了队的人们谈工作。工地有几位项目经理都记得祁宁春一边打吊瓶一边与自己谈工作的情景，一位项目经理说："有一次，他忙着谈工作时忘了身上还有针头，药打完了，输液管里回血回得老高……"

2006年12月4日，锦屏一级水电站提前两年成功实现大江截流；2007年1月，锦屏二级水电站主体工程开工建设；2013年8月30日，锦屏一级水电站首批两台60万千瓦的机组投产发电；2014年11月29日，拥有世界最高拱坝和世界最大规模水工隧洞群的四川省巨型水电站锦屏水电站14台60万千瓦机组全面建成投产。

在无数建设者的不懈奋斗之下，锦屏大河湾终于发挥出其蕴藏已久的价值，为四川乃至中国西部释放出无比巨大的能量。

附录

历史沿革

1989年10月20日，原能源部下发《关于成立二滩水电开发公司的通知》。

1991年，二滩水电开发公司成立。同年9月14日，雅砻江流域开发第一梯级——二滩水电站开工建设。

1995年2月10日，二滩水电开发公司由国家开发投资集团有限公司、四川省投资集团有限责任公司和中国华电集团有限公司三方股东分别以48%、48%、4%的比例出资，将公司改制为二滩水电开发有限责任公司，注册资本46亿元人民币。

1996年10月18日，二滩水力发电厂成立。

2000年底，二滩水电站竣工。

2002年8月—2003年2月，公司进行内部改革，为公司发展新跨越做准备。

2003年10月20日，国家发展和改革委员会发文明确“由二滩水电开发有限责任公司负责实施雅砻江水能资源的开发”，“全面负责雅砻江流域梯级水电站的建设与管理”。

2012年11月,二滩水电开发有限责任公司更名为雅砻江流域水电开发有限公司。

群英荟萃

投身革命保家国

笔者在2017年夏天到双林路348号院采访老红军谢荣德时，老人已是一百〇一岁高龄，当时同行的有猛追湾街道办的唐和铭以及祥和里社区的几位同志。当我们一行人掐着午休过后的时间点，心怀忐忑地敲开老人的家门时，老人十分热情地把我们让进屋内，并抬起颤巍巍的手给几位男同志散烟。据老人的儿子谢伟说，老人一生就爱抽两口烟，至今仍保持着一天半包左右的烟量。“前几年老人的身体更好，他经常一个人出去散步，找街坊邻居摆龙门阵。”谢伟说。

祥和里社区的同志向老人发放了慰问金，并将一本习近平的著作送给了老人。老人落座后，缓缓点起一支烟，回忆起了他的一生……

谢荣德出生于1916年农历三月，原籍四川省巴中市平昌县。1932年年底，年仅十六岁的谢荣德便加入了中国工农红军驻扎在四川巴中地区的红四方面军。[①] 1935年，谢荣德随部队强渡嘉陵江、攻打剑门关，最后抵达了懋功[②]。

1935年，谢荣德跟随红四方面军红30军开始长征。当年，红军本已先行北上到达了汶川，但红四方面军却又在张国焘的指挥下再次南下攻打成都和雅安。在雅安名山县百丈关战役中，红四方面军遭到

---

① 谢荣德出生于1916年农历三月，1932年冬加入中国工农红军，但部队对其军龄的认定是从1933年元月算起。

② 懋功县位于四川省阿坝藏族羌族自治州，1953年改名为小金县。

了国民党川军的围剿，伤亡过半。其后，谢荣德随部队再次过草地北上，在四川藏区绕了一大圈，经道孚、炉霍、甘孜，最终到达会宁地区与红一方面军会师。

1936年11月，红四方面军第5军、第9军、第30军共计两万多人成立了西路军，试图西渡黄河进入新疆，从而打通和苏联的通道，当时谢荣德就在西路军中。在西路军渡河前，谢荣德因在甘肃的一次战斗①中身负重伤，于是，躺在担架上的谢荣德被编入了西路军军中的收容队。过黄河时，在国民党枪炮火力和飞机轰炸的双重阻击下，两万西路军几乎全军覆没。据之前制定的渡河计划，收容队本该最后渡河，但因前方的大部队渡河失败，收容队的渡河计划也因此取消。谢荣德最后随收容队整编到红31军，辗转到达了延安。

1937年抗战开始后，红军被整编为国民革命军第八路军。谢荣德随原部队被整编到八路军129师386旅，师长刘伯承，旅长陈赓。1940年，谢荣德参加了百团大战。

1945年抗战结束后，谢荣德所在的129师386旅被整编入晋冀鲁豫军区野战军。1947年10月下旬，为歼灭胡宗南在豫西各县的国民党反动武装，谢荣德所在的陈谢兵团（陈赓、谢富治兵团）发起了伏牛山东麓战役，在此次战役中，谢荣德再一次身负重伤，在担架上躺了几个月。1948年5月，晋冀鲁豫野战军改称为中原野战军，谢荣德属4纵10旅，旅长周希汉。

1948年11月，在淮海战役第二阶段的战斗中，为围歼黄维兵团，

① 据谢伟口述，此次战斗在甘肃一个名为“德森”的小地方发生。

中原野战军主力与华东野战军一部在淮北发动了双堆集歼灭战。据谢荣德回忆，这是他一生中所经历的最危险，也是最惨烈的一场战斗。在本次战斗中，上级命令谢荣德带一个约900兵力的团在外围作战，以防止敌方外围部队的增援。据当时的情报显示，敌方增援部队的兵力在一至两个团，按当时编制计算为2000人左右。作为战术上的防守一方，谢荣德所带的一个团的兵力应该可以胜任。结果战斗刚一开始，战况就远远超出了所有人的预料。在敌方美制155毫米重型榴弹炮的饱和轰炸下，整个阵地上原本又干又硬的地面全被炸成了浮土，深可及膝。浮土中全是战友的尸骸，以致用手捧起浮土轻轻一握，浮土便黏成一个满是碎肉和血浆的土球。战斗结束后，谢荣德全团连马夫带炊事员仅40余人侥幸生还。被担架抬回阵地的谢荣德自责无比，已等待着接受处罚，后来才知道，对面敌方的增援部队是整整一个旅的兵力——共有四个团，其中还有一个炮兵团。

在谈到这场惨烈的战斗时，谢荣德说："太惨了，战场上每隔几公尺一个坑坑，里面全都是尸体，很多都炸烂了，面目全非……到现在我心里头都还有阴影，有时做梦都会梦到……为中国革命流血牺牲的同志太多了，他们是最伟大的人，他们是真正的英雄……"说到此处，一百〇一岁的老人潸然泪下。

1949年2月，中原野战军再编为第二野战军，谢荣德属第二野战军第四兵团13军37师，师长周学义；4月，重伤初愈的谢荣德又随军参加了渡江战役。

在此，让我们对谢荣德一生最主要的参战经历做一个大致梳理——

1935年3月，强渡嘉陵江（红四方面军红30军）；

1935年4月，攻打剑门关（红四方面军红30军）；

1935年11月，百丈关战役（红四方面军红30军）；

1936年，甘肃德森战役（红四方面军红31军）；

1936年11月，西路军西渡黄河战役（红四方面军西路军）；

1940年，百团大战（八路军129师386旅）；

1947年10月，伏牛山东麓战役（晋冀鲁豫军区野战军陈谢兵团）；

1948年11月，淮海战役双堆集歼灭战（中原野战军4纵10旅）；

1949年4月，渡江战役（第二野战军）；

1949年11月，解放大西南（第二野战军）。

从以上信息可以看到，从1932年底参军至1949年11月，谢荣德作为军人的作战生涯长达十七年。在这十七年里他负伤无数，其中三次负重伤分别是在甘肃德森战役、伏牛山东麓战役和双堆集战役中。谢荣德胸部被炸弹炸伤的伤口尺寸超过二十厘米；其胃部位置可见被子弹贯穿的枪伤；腰上可见当年被日军刺刀捅伤后形成的刀疤；其大腿肌肉中至今存有当年残留的弹片。

在我们一行人的强烈要求下，谢荣德从卧室中拿出了几个小盒子，里面装着他一生曾荣获的勋章——有八一勋章、独立自由勋章、解放勋章等。这些沉甸甸的勋章和其身上的伤痕一样，都是永远无法磨灭的荣誉。

20世纪50年代初，谢荣德又加入了中国人民志愿军战略预备队，随时准备奔赴朝鲜战场。当部队正在丹东集结时，抗美援朝战争宣告结束，所有部队开始按计划撤回。

其后，谢荣德被分配到西南军区第七文化速成中学[①]学习，因其在班中年纪最小、级别最低，故被推为班长。毕业分配时，原则上是从哪个部队来就回哪个部队，谢荣德当年所在的部队解放了大西南，所以就被分配到了云南。他在云南边防军区任职期间，正是全国掀起“学苏联”热潮的时候，边防军人人都戴着大檐帽，穿着长筒靴，以至于人人脚上都长满了痱子。

1959年至1961年，谢荣德奉命至中缅边境勘定国界。两年多的时间里，谢荣德沿着中缅边界一千多公里的国境线一步步地丈量，他和战友们一边做记录，一边画图、拍照，从而将国境线上的山川地貌都记录在案并交给了中央。据说，之前中缅边界只有木桩，在后来确定了边界线后才正式使用了水泥建桩。据谢伟介绍，谢老一生的爱好除了钓鱼、打猎之外，就是看作战地图，他可以根据作战地图上的标注清晰地说明当地的地形。在退休后，老人仍常抱着各地地图翻看。

1962年中印边境自卫反击战时期，谢荣德随部队向云南集结，并主要做一些作战情报方面的工作。

1965年，因妻子罹患重度心脏病，谢荣德向部队提出了转业申请。转业安置时，四川省交通厅考虑到谢荣德的级别，本欲将其调至公路局担任局长兼党委书记，但由于当时公路局正在修建成都至攀枝花的公路，若谢荣德去公路局赴任，则一定无法回成都照顾妻子，因此，谢荣德主动表示不在乎级别，只要能在成都工作即可。于是，在1965年3月5日，谢荣德“高职低就”，被暂时安排到了位于猛追湾的

① 即中国人民解放军重庆通信学院的前身。

▲ 谢荣德　汪然摄

成都柴油汽车修理厂任副厂长。因为此厂当年仅为科级单位，故当时上级领导的本意是让谢荣德先暂去赴任，等日后另行调动。不料谢荣德到厂不久，“文化大革命”就爆发了。

1978年10月，谢荣德开始带职离休；1982年，谢荣德正式从柴油汽车修理厂离休。离休时，谢荣德住在省运输公司“五世同堂”附近，1985年搬至猛追湾348号院内。

谢老育有二子。大儿子谢伟出生于1953年，他在20世纪70年代入伍从军，当了五年兵；小儿子谢韬出生于1955年，“文化大革命”结束后，谢韬在工厂当了一年学徒，参加高考后考上了大学，并最终到德国留学，后曾任西南财经大学的金融学教授。

2019年10月，笔者想再次去看看谢老，走到双林路，却看到猛追湾348号院已被拆除。后笔者拨通了谢伟的电话，谢伟告诉笔者：“老人现在在川医住院，我每天都要去川医照顾他。他天天输液……一百岁了，身体已经衰竭，每天清醒的时候少，睡着的时候多……”

英雄不死，他们只是渐渐凋零……

谢伟告诉笔者："我父亲常说：'我们这些没死的人都是最幸运的人——贡献最大的，是那些为中国革命流血牺牲了的人！'他还说：'我做的这些事算啥子嘛，更重要的是，那些人牺牲了，没有他们难道还有今天吗？'每次他都把自己淡化，他历来都是这个观点。"

胸藏锦绣著文墨

来自715厂的诗人刘滨曾说："当年每个厂都很重视文艺创作，厂里的工人有写诗的、写小说的、写剧本的、写散文的，大家经常聚在一起读书学习，相互讨论，这才让东郊这片土地上后来走出来这么多文学艺术人才。"

在猛追湾这小小的一方土地上，走出来了许多文化名人，其中有小说家和编剧，也有诗人和文化学者；他们都用各自的文笔承载着历史与人文，承载着他们心中的大千世界。

为人者，独活于一个世界；做梦者，辗转于两个世界；作文者，胸藏无限世界。

历史小说家蒋维明

蒋维明，男，成都著名作家、编剧、川剧学者，1935年10月生于四川璧山；2016年4月20日逝于成都。1958年10月，其从四川大学历史系毕业后，被分配到成都市文化局从事编剧工作。

1956年，蒋维明在刚刚创办的《成都晚报》上发表了几篇川剧欣赏的文章，开始渐渐崭露头角，至20世纪80年代，他创作的长篇小说开始在《成都晚报》上连载。

其代表作品有《白莲女杰》《漓水红妆》《明清巴蜀人物述评》

《川湖陕白莲教起义辑录》《李调元》《闽海英烈》《尹昌衡都督传奇》《巴蜀梨园掌故》《移民入川与舞台人生》等，参与编撰《成都市文史资料选集》多卷。其一生著书立说三百余万言，并于2010年元月获“中国通俗文学艺术终身成就奖”。

在《成都日报》记者蒋蓝所写的一篇名为《蒋维明，熔铸文史成一家》的采访中，我们有幸窥到了蒋维明内心世界的一角。据文中记载，其幼年时所读的六塘乡国民小学是座古庙，“两厢有楼，上课作为教室，看戏时就成为观众的座堂，每逢年节，常有走村串寨的戏班子演出。有一回看川剧《扯符吊打》和《蒋世隆抢伞》，我趴在厢楼的宽栏杆上睡过去了，醒来已是半夜。七岁的我咬牙要走二十华里回家，还要穿过坟地。《扯符吊打》本是《白蛇传》中的一折，剧中情节涉及灵官，戏剧场景与现实交汇眼前，让我一路惊骇莫名，至今清楚记得那一幕……”

1945年抗战胜利后，蒋维明在重庆青木关就读中学并加入了学校的剧团。1950年，十五岁的蒋维明参加了人民解放军，在12军35师当卫生员，去了朝鲜战场。1952年，蒋维明转业回校。1954年，考入四川大学历史系，为中国著名史学家缪钺先生的高足。

“缪先生对我讲，民国很多学术大家，既是文学家也是史家，评论作品更是讲究‘知人论世’。中国古代的传统是文史不分家，凡是兼通文史妙于结合的学者，水平一定高于‘分而治之’者，这个观点深深影响了我……在缪钺先生指导下，我把明清史作为治学方向，尤其是清代四川地方史，是我最为用力的所在。”蒋维明说。

1978年至1985年，蒋维明以在四川图书馆古籍部——和平街的

"贲园"读书为乐。那时，卿希泰、陈世松、龙晦等学者也常常到此看书，几个人中午一碗小面，每日一杯清茶，在此潜心阅读。正是在那几年，蒋维明抄写了几十万字白莲教史料和李调元的相关资料，并将其中一部分收入了其所著的《川湖陕白莲教起义辑录》。

张学君曾在《蒋维明与他的历史小说集》一文中写道：

> 蒋维明先生的性格沉静多思，待人谦和，不太与闻文学以外的事物。也因此得以消灾免祸，安度岁月，有较多读书做学问的时间。从20世纪50年代在四川大学历史系求学以来，他就有志于历史文学（小说传记、剧本）的创作……数十年朝夕于斯，孜孜以求，新作不断，创意迭出。他将创作方向定位于明清两代的史部、集部，数十年来，从川大图书馆到省图书馆，长年累月在故纸日闻里寻求稀有资料，沙里淘金，集腋成裘，而后通过自己的绵密构思，化腐朽为神奇……[1]

诗人刘滨

刘滨，男，本名刘建中，1939年6月出生，重庆江津人。《星星》诗刊副主编、中国作家协会会员、中国诗歌学会理事、四川省作家协会主席团委员。其一生从事诗歌创作，共发表作品百万字以上。先后出版诗集《我的爱在南方》《微笑的风景》等。

① 张学君：《蒋维明与他的历史小说集》，《文史杂志》2016年02期。

2020年2月13日，蔓延全国的“新冠疫情”仍在肆虐——武汉封城，各地严防死守，百姓闭户不出。此时，笔者在一个剧组负责外联工作，因为疫情，剧组停工，全组上下近二百人全封闭于双流翔宇酒店中。笔者和刘滨老师素昧平生，而他却是本书预计采访的最后一人，笔者只得通过张义奇老师要到了刘滨老师的电话，并在电话中做了采访。

▲ 著名诗人刘滨　刘云奇摄

电话那头，刘滨的笑声慈祥而爽朗，他娓娓道来了他和诗歌的故事——

“刘滨是我的笔名，这主要是因为我生长于长江边和嘉陵江边。我的童年生活中，水是重要的玩伴，我爱在河边耍水，而且常在河边摸钉子和碎铁，然后换钱买冰糕吃。笔名取这个‘滨’字，就是怀念水边……”

刘滨说，他在江津出生，在朱沱镇读的小学，后来因姐姐姐夫都在白沙镇，便又转去白沙镇继续读书。小学毕业后，刘滨考进了重庆市第二中学；初中毕业，被招入重庆716厂实习，出师后被评为三级工。两年后，即1956年年底，被调至成都715厂培训班进修。当时715厂开有财会班、俄文班和工段长培训班，刘滨在工段长培训班。

1958年，715厂正式开工，刘滨成了厂里的一名工人。在毛主席“在民歌与古典诗歌的基础上发展新诗”的号召下，刘滨创作了人生中的第一首诗——《锻工的铁锤》。这首诗被当年《星星》诗刊的编辑傅仇看上，并将该诗发到了《星星》的诗传单上。

锻工的铁锤

抡起手中铁锤
敢把泰山砸碎
通红炉中烈火
敢与太阳比威
一个个锻件诞生
一颗颗汗珠下坠
欢乐和幸福
紧紧把铁锤追随

“当年写第一首诗的时候，完全是心里面怎么想就怎么写，就像说话一样写出来了。后来傅仇说把诗留下来，过了段时间，《星星》编辑部把诗传单寄给了我。当年的诗传单是用一分钱一张的打字纸印刷的。我收到以后，兴奋得通宵未眠……我后来写过一篇散文，叫《星星还是那颗星星》，是《星星》创刊五十周年的约稿，我在里面回忆了当年写第一首诗的经历……在我发表了第一首诗以后，从此写诗就一发不可收拾……”

据刘滨说，初期的创作激情和当年工厂的文学氛围有着莫大的关系。为了支持文艺创作，715厂的宣传部专门组织了文学创作组，厂里的几十位工人作者都成为组员，创作组会定期举办活动。宣传部干事还将大家的文学作品刊印在油印报上全厂传阅，从而激发出每个作者极大的创作激情。

不仅是工厂，包括文化馆、文化宫乃至图书馆在当年都成了文艺创作的“抓手”。1960年左右，《成都晚报》组织刘滨等作者去采访成都钢铁厂，由报社编辑带队，一众作者参观了成钢的各个车间，采访结束后，大家各自用自己擅长的文体写出文章。当年，刘滨为成钢写下诗歌十余首，诗集取名《献给英雄的成钢》，在《成都晚报》上大版刊登。

1963年春，中国作协四川分会向笔耕不辍的刘滨发出了邀请，刘滨正式成为作协会员，这对刘滨而言是巨大的肯定和鼓励，同时也让刘滨更加专注地投入创作中。

1980年，成都市创办《青年作家》，刘滨被成都市委宣传部调至成都市文联，同时调入的还有火笛、榴红、胡佳等十几位作者。这一年，刘滨正式离开715厂，成为《青年作家》的编辑。1987年，刘滨被评为副编审；1992年，被调至《星星》诗刊做执行副主编；1995年，刘滨被评为编审。

退休后，刘滨也没闲下来。从2011年开始，刘滨就留在作协负责纂修《四川文学志》；从2018年到2019年，又纂修《四川人物志》，刘滨担任总撰稿。

在电话采访中，笔者曾问刘滨老师：“您写作六十余年，您对诗的理解是否也在不断地发生改变？”

刘滨认真地说：“我觉得诗一定要和这个时代密切相关……诗歌不应该只活在象牙塔里，去吟诵自己的比较狭窄的生命体验，而是要反映整个时代。诗歌创作要和时代共命运，有它的回声，有它的色彩，有它的音韵和精神，这是在我的诗歌创作中不变的主题，也是我一生的一点追求……也许我没留下什么更深的印记，但是我追求了，我努力了，这就是我的想法……”

“时代飞速发展，您认为诗会不会走向衰亡？”笔者用忐忑的语气单刀直入地提出了这个问题。

“不会！不会，不会，不会！”刘滨笑道，“我从来不认为诗歌会走出人们的视野，不再受人们的关注。任何年轻人，他们只要进入社会，只要进入中国的文化，他们都会在诗歌广场上转一圈，他们都会在心中升起无限的诗情。当然，有人从广场离开了，但总有人会留在这个广场上。离开的人不管他今后写不写诗，读不读诗，在人生中，他心里一定也会有诗情泛起，所以只要有人，就永远有诗！”

虽然退休后过着并不算富裕的生活，但刘滨仍然知足常乐。“我很满足、很快乐。我做的贡献真不多，但是国家给我的报酬不薄，我发自内心地感激国家。”刘滨说，他退休后的业余生活，就是“几本书，三五知己，写写毛笔字，再去合唱团唱唱歌——可以咯！生活虽然不多彩，但也比较丰富吧！人的心态非常重要，你的心态决定了你的生活状态，不怨天尤人，一切都尽自己的努力创造”。

挂了电话，笔者坐在电脑前，想着刘滨老师在电话中的约定——

“不远的，这一天不远的！等3月份，春暖花开，把（张）义奇约到，把王金泉、杨传球这几位老朋友都约到，我们在建设路钟水饺楼上的茶楼喝茶！……东郊是有这个传统的，以前东郊各个厂的作者经常聚会，大家一碗面条一杯茶，很好的啊！……你这位年轻同志我还没见过，我们算忘年交，哈哈哈！”

编剧张勇

张勇，女，青年剧作家，1969年生于成都，祖籍江苏盱眙，现为成都市川剧院编剧。

其创作的戏曲剧本有《凤楼之死》《梨花香尽雨阑珊》《美人如玉剑如虹》《徐志摩与陆小曼》《富贵荣华》《藜斋残梦》《撒香钩》《珠崖有义》等。

另外，其创作的悬疑小说谍战三部曲《一触即发》《谍战上海滩》《贵婉日记》分别改编为电视剧《一触即发》《伪装者》《猎谍者》。

1985年，年仅十六岁的张勇便开始学习戏曲创作；1997年，她在《四川戏剧》杂志上发表了《撒香钩》和《紫竹院辩冤》；2005年，其担任编剧的戏曲剧本《梨花香尽雨阑珊》入围北京《新剧本》杂志主办的第二届老舍青年戏剧文学奖；2006年，其创作的越剧《藜斋残梦》获得第九届中国戏剧节优秀入选剧目、中国越剧艺术节剧目银奖；同年，其创作的贺岁川剧《富贵荣华》获得浙江省十艺节剧目奖；2008年，张勇被破格调入成都市川剧院任编剧。

2009年，创作小说《一触即发》；2012年，担任由其小说改编的军事悬疑谍战剧《一触即发》的编剧，同年，其担任编剧的谍战剧《血色黎明》播出；2015年，担任年代悬疑谍战剧《伪装者》的编剧，该剧由李雪执导，胡歌、靳东等合作主演，张勇凭借该剧入围第三届亚洲彩虹奖最佳电视剧编剧奖；2017年，出版谍战小说《贵婉日记》，同年，担任谍战剧《天衣无缝》的编剧。

赛场争雄荣誉多

从足球、排球再到乒乓球，从猛追湾走出来的体育明星，从东郊走向了国际赛场。他们的体育人生，留下了无数动人的故事……

马明宇，从“蓉城杯”到世界杯

1976年，猛追湾东郊体育场，成都市足协举办的一年一度的“蓉城杯”足球赛正在如火如荼地进行。来自成都市各个单位、厂矿、大学的足球代表队聚集在此，在这个没有草坪的泥巴足球场上一决高下。足球场边，里三层外三层地围满了加油呐喊的观众，这些观众或是自己闻讯而来，或是由单位派解放牌卡车一车车地送来。最里面的观众席地而坐，而最外面的观众或站在小板凳上，或是骑在围墙上，他们都穿着灰色或蓝色的工作服，聚精会神地观看着比赛。虽然体育场的场地落后，而且没有看台，但现场的热闹和精彩程度，绝不亚于20世纪90年代风靡全国的“甲A”联赛。

“253信箱的球队实力很强，一般能拿到‘蓉城杯’的前三名。那时候打一场球基本上就要聊一个礼拜！大家见面就聊比赛，说哪个球踢得好，哪个配合打得好，哪个球进得精彩，球队的队形和阵容怎么调整。天天都在聊足球，走到哪儿都在聊足球！”刘中林说，“东郊足球基本上撑起了半支四川省队！像马明宇、邹友根、李庆、梁伟民、徐建业……起码有十几个四川省队的球员是从东郊踢出来的，而且基本上都在东郊体育场训练过！”

▲ 刘中林在东郊体育场　刘中林供图

受访者刘中林是笔者的姑父，在20世纪70年代，他曾兼任东郊253信箱的足球教练，后来调至东郊体育场工作，在20世纪八九十年代，曾任东郊体育场的场长，并一直从事着足球教练员的工作。从他的讲述中，一个从东郊253信箱到东郊体育场的足球故事线渐渐地延伸开来：

“253的几任厂长都是球迷，比方说管厂长，他只要晓得最近有比赛，就一定要跑去看，夏天他戴顶草帽都在看足球……后来的厂长胡代辉更喜欢（足球），他是要踢的，那时候253组织厂里的内部联赛，他就代表厂机关部，每次都要亲自上场！……当时在灯光篮球场打五人制，热闹得很，就像过节一样……可以说比过节还热闹！”

据刘中林回忆，253信箱的足球传承其实最早应追溯到北京电子管厂。东郊745厂（即253信箱）基本是由北京电子管厂（774厂）的原班人马组建的。当年为了支援国家三线建设，北京电子管厂其中一个分厂的近千人奉命迁至成都东郊。这些人中，原本就有很多曾受过足球文化的熏陶并热爱足球，他们把足球的火种从北京带到了成都东郊，带到了253信箱，而后来之所以能有像马明宇这样的国家级球星在253信箱诞生，一切都和这份足球传承有着莫大的关系。

“这些人都是愿意为了足球而无私奉献的人，在当时的时代大背景下，其实都是一些小人物造就了东郊足球的辉煌。其中有一个关键人物叫梁荣锦，我们喊他‘梁师’，他就是从北京电子管厂调到成都来的，当时他是253足球队的队长。那时候应该是1976年左右吧，梁荣锦从球队出来后，主动无偿地到253信箱幼儿园去训练娃娃……他带了一两年之后，又把我喊着一起做教练……虽然都是无偿的，但带出来的几批小球员都不简单，出了很多‘省足’和‘国足’，这里面就包括马明宇。”

其实马明宇踢球也自有其“家学渊源”——马明宇的父亲马鼎凯是当年四川足球队的主力中锋，当年他从四川队下到了253信箱后，就一直在厂里当工人；而马明宇的母亲张克倩原是四川女篮的球员，退役后也到了253信箱，在子弟校当体育老师。

“马明宇的妈妈当年就在带253小学的足球队，所以马明宇读小学的时候，他妈妈就是他的足球教练。平时他妈妈带队在学校里面训练，一到了周末，他妈就带他到东郊体育场来训练……没有正规场地，就在球场边找个空地练……有时候他妈妈要回重庆，就找我来代训……到后来，253子弟校的校队获得了成都市冠军，从此开始打四川省比赛，再后来又陆续转了一些小球员到253来，包括徐建业、徐杰等，这些球员后来好多都被选进了省队或是国家青年队，而马明宇更是被选入了国家队……”刘中林说。

时间来到了2002年6月8日，韩日世界杯小组赛，中国队对阵巴西队，当天的北京时间20点08分，即场上的上半场第三十八分钟，李霄鹏突然从右路把球横传至前场，中路的郝海东漏过足球，足球突然来到了马明宇的脚下。此时，站在巴西队大禁区里的马明宇离对方球门不过十米，而挡在他面前的是巴西队的后卫和门将。

“那时候我的假动作已经让那个巴西防守球员跳起来了，我只要稍微把球拨过去再打门，很有可能就进了……可惜那个时候实在太紧张，没有多加考虑就直接射门了……”说到这一幕，马明宇的脸上仍然挂着无比的遗憾……

2020年1月15日，由于资金短缺，好不容易冲甲成功的“四川FC”队解散了，马明宇带领的足球队又一次遭遇重挫。马明宇没有放弃，他和李小刚一起又筹建了一家名叫“四川恒耀”的足球俱乐部，并准备参加2020赛季的中冠联赛。马明宇说，他要继续让四川足球延续下去。

如“恒耀”这个队名一样，相信四川人对足球的热爱将永恒地在四川的土地上闪耀着光芒，从20世纪50年代的北京电子管厂，到如今的“四川恒耀”，相信四川足球将薪火相传，永远不熄！

梁艳，从82信箱到洛杉矶奥运会

梁艳，1961年出生于猛追湾82信箱，其父母都从未从事过体育行业，而梁艳本人在十三岁以前根本就没有摸过排球！

1975年，梁艳因为个头较高，被选入了成都市业余体校进行排球训练；1976年，她被选入成都市排球队；1977年，进入四川省排球队；1979年，入选国家女子排球集训队。在1981年和1982年随中国女排夺得世界杯和世锦赛冠军之后，梁艳又在1984年洛杉矶奥运会、1985年世界杯和1986年世锦赛上助力中国女排连续获得冠军。中国女排“五连冠”的霸业就此诞生，而梁艳，正是随中国女排获得“五连冠”的参赛选手。因其独特的气质，梁艳在国家女排还得到了一个绰号——“笑面黑娃”。

1986年，梁艳进入中国人民大学新闻系学习新闻摄影；毕业后，梁艳到了《新体育》杂志社当编辑；1995年，梁艳决定下海创业，她创办了属于自己的体育文化传媒公司；1996年，梁艳的公司成功代理了央视体育频道的奥运会广告业务，这让她的身家陡然暴涨，超过了亿元……

“（女排）那段经历浓缩了人生，酸甜苦辣都尝过了，是我一生的精神财富。”梁艳如是说。

陈龙灿，从乒校到汉城奥运会

陈龙灿出生于成都市新都区。童年时，他曾在猛追湾乒乓球学校接受训练，1978年，陈龙灿被选入省体工队。

陈龙灿是中国直拍快攻打法的代表人物之一，20世纪80年代，他和江嘉良代表了中国乒乓球的一个时代，为中国男队三次夺得世锦赛男团冠军；此外，他还获得过世界杯男单冠军和世锦赛男双冠军。1988年汉城奥运会首次设立乒乓球单、双打比赛，陈龙灿和队友韦晴光一起获得了奥运乒乓球男子双打金牌，这也是奥运历史上产生的第一枚乒乓球金牌。

2010年，陈龙灿被西华大学聘为副教授，教授乒乓球专业和普修课程，同时兼任西华大学高水平运动队（乒乓球）主教练，负责相关训练和竞赛工作。

梅花香自苦寒磨

成都市川剧研究院，原名成都市川剧院，院部坐落于猛追湾街道东风路北一巷3号，是国内久负盛名的川剧艺术专业院团之一，与20世纪最负盛名的川剧班社“三庆会”一脉相承。

从1959年1月正式建院以来，成都市川剧院创作、演出了大量有特色、有影响的艺术作品。《白蛇传》《柳荫记》《玉簪记》等很多艺术珍品至今仍保留在川剧舞台上；《拉郎配》《乔老爷上轿》《借亲配》等戏享誉全国；《杜十娘》《乔太守乱点鸳鸯谱》等戏被翻拍成电影，广获好评。

剧院人才济济，阵容强大，既有各行当的领军人物，又有后起之秀。历届演员阵容包括陈书舫①、晓艇②、竞华③、陈巧茹④等；著名剧作家有徐棻⑤、谭愫⑥等。

---

① 陈书舫（1924—1996），女，原名陈书芳，直隶束鹿（今河北辛集）人，川剧旦角著名表演艺术家。其与豫剧大师陈素真、汉剧大师陈伯华并称为戏曲界“陈姓鼎足之势”。陈书舫出身京剧世家，其父陈吉福擅武生兼净角，其母九云凤擅花旦兼刀马。陈书舫从小随父母学唱京剧，1932年，拜泸州河川剧老旦月中红为师学习川剧；后随父至成都，拜川剧名家阳友鹤和杨云凤为师；再后，陈书舫经川剧大师周企何介绍，加入川剧戏班三庆会。陈书舫先后在成都市川剧院、四川省川剧院任主演，历任四川省川剧院院长，四川省川剧艺术研究所所长，四川省川剧学校校长，中国文联第三、四届委员，中国戏剧家协会第三、四届常务理事，并任第二至第六届全国人大代表。

② 晓艇（1938— ），男，原名文华章，川剧小生著名表演艺术家。代表剧目有《逼侄赴科》《问病逼宫》等。

成都市川剧院自成立以来，不仅剧院的演员曾多次摘得中国戏剧的最高奖项——中国戏剧奖·梅花表演奖，剧团的各剧目也多次荣获全国、省、市各项大奖，如五个一工程奖、文华奖、中国戏剧奖·优秀剧目奖等。

从三庆会到成都市川剧院

三庆会，1912年创立于成都华兴正街悦来茶园（今锦江剧场），由长乐、宴乐、宾乐、顺乐、翠华、彩华、桂春、太洪等川剧班社协议组成。其涵盖了川剧昆腔、高腔、胡琴、弹戏、灯调五种声腔以及生、旦、净、末、丑五个行当。三庆会主要负责人先后有康芷林、萧楷成、杨素兰、唐广体、贾培之等川剧名家。由于其川剧演出声腔完整、行当齐全、阵容强大、场次众多，在那个时代可谓名震川剧界。而三庆会的总部悦来茶园也成了公认的“戏窝子”。

1952年，第一届全国戏曲观摩演出大会在北京召开。西南地区集中了成、渝两地的川剧名家，在重庆成立了西南区观摩演出团川剧队赴京演出，载誉而归。1953年5月，以参加西南区观摩演出团的演员和重庆又新大戏院为基础，组建了西南川剧院，直属当时的西南行政

③ 竞华（1929—1998），女，原名董汝陵，川剧旦角著名表演艺术家。

④ 陈巧茹（1967— ），女，原名陈巧缘，川剧旦角著名表演艺术家。现任成都市川剧院院长。荣获第九届、第二十五届中国戏剧奖·梅花表演奖。

⑤ 徐棻（1933— ），女，编剧、艺术指导，川剧史上第一位女剧作家，国家一级编剧。

⑥ 谭愫（1942— ），男，国家一级编剧。

委员会文教部，院部及所属机构驻重庆。据晓艇回忆，当时成都的几个川剧团都合入了西南川剧院，这几个剧团里有不少演员都来自当年的三庆会，这其中就包括后来成都市川剧院的主演陈书舫、晓艇、竞华等人。

1953年8月，西南川剧院附属川剧实验学校（今四川省川剧学校前身）在重庆江北磐溪成立，按新型学制培育川剧人才。1955年5月，因西南行政大区被撤销，西南川剧院与四川省川剧团、四川省文化局戏曲研究室合并，组成了四川省川剧院，分为一、二两个团，省一团常驻重庆，省二团常驻成都。

之后，四川省川剧院二团的一部分人又被分了出来，成立了成都市川剧院。

建院猛追湾

成都市川剧院的建立离不开时任成都市市长李宗林的帮助。李宗林一直都非常重视川剧的传承和发展，据时任成都市川剧艺术研究所研究室主任的唐思敏回忆，在李宗林的推动下，“成都市川剧院不仅将一众川剧名家招入麾下，还招进了一帮当年的大学生，立志打造一个有文化的剧团”。刘双江、蒋维明、唐思敏等人就是在这个时期进入成都市川剧院的。鼎盛时期，成都市川剧院拥有成都剧场、锦江剧场、八宝街剧场、红旗剧场、人民剧场五个剧场，另还搭了一个成都市剧装厂。据唐思敏回忆，当时成都市川剧院总共有五百五十几号人，每次开会，“要在锦江剧场坐半堂子”。

▲ 从左至右，分别为晓艇、陈巧茹、唐思敏。 刘云奇摄

“东风路北一巷的成都市川剧院院部是当年一帮学川剧的娃娃‘插杆杆’插出来的！”唐思敏笑道，“成都市川剧院是在1959年1月成立的，当时下面又建立了一个成都市川剧院三团，又名青年川剧团。当时还没有修东风大桥，猛追湾几乎全是一片农田，附近是粪塘子，另外还有个打蜂窝煤的作坊。李宗林让青年川剧团的学生用大头扫把的扫把杆在附近插一圈，说是插杆杆圈得有多宽，川剧院就得多宽。那时的学生也懵懂，有些人偷懒，所以也没有圈多宽，否则川剧院的地盘更大。市上派人来修了排练场、练功场、宿舍，另外还修了个蜀都剧场，所以这个地方可以连排带演。20世纪末，蜀都剧场还办过舞场、放过电影。”

“文化大革命”前夕，李宗林让一帮学川剧的娃娃组成了文化工作队一队和二队，唐思敏被分在一队，他说：“那时候，文化工作队深入田间乡镇进行演出。我们一方面演出，一方面也和农民同吃同住同劳动。那时一队队长是李笑非，他是川剧的丑角名家。我和笑非老师经常一起去挖地做农活。后来等我们去演出回来，东风大桥都已经基本上修起来了。”

首届梅花奖

在“文化大革命”中，成都市川剧院的晓艇是幸运地能一直留在舞台上的演员之一。他曾在《沙家浜》中扮演郭建光，在《智取威虎山》中扮演杨子荣。粉碎林彪、江青反革命集团后，邓小平访问东南亚途经成都，指明要看传统川剧。当时“打前站”的王朝闻①跑到四川来问罗渊②：现在还有谁能演传统川剧？罗渊便介绍了晓艇等人。后来在金牛坝礼堂，晓艇演了一出《逼侄赴科》，获得了邓小平等国家领导人的高度赞赏。演出结束后，杨汝岱陪邓小平走到了晓艇面前，杨汝岱正要开口介绍，邓小平却挥手笑说：“（晓艇是）老朋友了，不用你介绍！”至今，受邓小平接见的这张珍贵的老照片还挂在晓艇家的墙上。

1982年，由川剧院改革制作的音乐实验剧《红梅赠君家》的演出获得成功，剧院决定翌年赴京演出。此时，中国戏剧家协会的刊物《戏剧报》和《戏剧论丛》正开展对江苏省昆剧院青年艺术家张继

---

① 王朝闻（1909—2004），男，文艺理论家、美学家、艺术教育家。

② 罗渊（1931—2007），男，曾任成都市川剧院院长、党总支书记、艺术委员会主任。

青的“推荐演出”，在看了成都市川剧院的改良版的《红梅赠君家》后，中国剧协认为也应该从川剧中推荐好演员，经反复研究，决定将第二个“推荐演出”的对象定为晓艇。

1983年，“推荐演出”正式将名字规范为中国戏剧最高奖项“梅花奖”。成都市川剧院便让晓艇携《问病逼宫》《红梅赠君家》和《逼侄赴科》三个折子戏以及大幕戏《跪门鉴》赴京进行“推荐演出”。

演出在北京引起了巨大轰动。尤其是《逼侄赴科》一出，可谓一炮而红。演出结束，中央电视台一档名叫《角儿》的栏目即对晓艇做了专访。京剧名角宋小川对《逼侄赴科》赞不绝口，话剧表演艺术家石维坚更赞道：“《逼侄赴科》震京华！”

其后，中国戏剧家协会还专门为晓艇召开了“晓艇表演艺术座谈会”，会上，专家和广大观众对中共四川省委于1982年提出的“振兴川剧”的号召给予了高度评价和肯定，戏剧理论家刘厚生说：“成都市川剧院来北京演出后，大家对晓艇同志的表演艺术反应很强烈，这是我们中国戏剧家协会的两个刊物《戏剧报》《戏剧论丛》决定向首都戏剧界和广大观众推荐晓艇同志的主要原因。”

演出队伍回到成都后不久，时任中国评剧院院长的胡沙给晓艇寄来一本《戏剧与电影》杂志，杂志上写：“祝贺你获得了首届梅花奖！”晓艇后来得知，全国仅有十名演员获得了首届梅花奖，除了自己，还有张继青、叶少兰、任跟心、刘长瑜、李维康、郭泽民、谷文月、刘玉玲、王蔓芩。

1984年，晓艇、徐勇和唐思敏共赴北京领奖。拿奖后，三人步行到邮局给《成都晚报》的记者廖友鹏发消息，廖友鹏得信后，在《成都晚报》上一口气连写了四五天的文章来颂扬此事，这样的连续发文对于当年的《成都晚报》而言可谓是破天荒之举。载誉归来后，中共四川省委宣传部、四川省文化厅、成都市人民政府、成都市文化局对成都市川剧院以及晓艇进行了隆重表彰。

梅花朵朵开

继晓艇后，成都市川剧院的朵朵“梅花”次第开放：

1984年，晓艇为成都市川剧院摘得第一朵“梅花”；

1988年，刘芸获第五届梅花奖；

1992年，陈巧茹获第九届梅花奖；

1994年，刘芸摘得第十一届梅花奖“二度梅”[①]；

2001年，刘芸的爱徒刘萍摘得第十八届梅花奖；

2003年，晓艇高徒孙勇波摘得第二十届梅花奖；

2005年，孙普协获第二十二届梅花奖；

2011年，陈巧茹获第二十五届梅花奖“二度梅”，王玉梅亦于同届“摘梅”；

2013年，王超获第二十六届梅花奖；

2019年，王超的妻子虞佳获第二十九届梅花奖。夫妻俩先后“摘梅”，这枝“夫妻梅”在梅花奖的历史上还是第一次。

---

① 梅花奖自1994年起增设“二度梅”（即同一人第二次获梅花奖），自2002年起增设“梅花大奖”（也叫“大梅花”，即同一人第三次获梅花奖）。

自三庆会开始，成都市川剧院在陈书舫、晓艇、陈巧茹等一代代川剧大师的不懈努力下，朵朵“梅花”经苦寒磨艺而光彩绽放。时至今日，在成都乃至整个四川，仍有不少年轻人在学习川剧这门博大精深的艺术。那让人着迷的声腔和锣鼓，仍日日回响在猛追湾……

三块竹板留传说

一代宗师

邹忠新生前家住猛追湾水碾河的川剧院宿舍内，是四川金钱板的一代宗师。

邹忠新原名邹世军，1949年以后，为表达其爱国之心，故取“忠于共产党和新中国”之意，改名为邹忠新。在搜狗百科上输入“邹忠新”，会找到这样一段介绍——

> 邹忠新（1924.05.03—2013.05.13），四川安岳人，中国民主同盟盟员，四川金钱板著名表演艺术家，国家级非物质文化遗产代表性传承人。幼年拜师学艺，十四岁后在四川成都说唱。生前历任成都市曲艺队副队长，成都市曲艺团副团长、艺术指导，中国曲艺家协会四川分会副主席等职。2006年10月，获中国曲协授予的中国曲艺最高奖“中国曲艺牡丹奖·终身成就奖”……

金钱板又称金鉴板或三才板，和天津快板、山东快书并称为中国曲艺界的“三大板”。打金钱板又称“打连三”，最早兴起于清代道光年间，是发源于川渝地区的传统说唱艺术，后来逐渐扩散到云贵地区。清末宣统元年（1909）至宣统二年（1910），成都通俗报社刊印的《成都通览》中，印有一幅名为“打连三”的人物画像。1939年3月，“内江县孩子剧团巡回宣传队”铅印的《抗日宣传小丛书》中，也印有四川金钱板的唱词。2008年，金钱板被列入第二批国家级非物质文化遗产名录。

金钱板一套三块，皆为长约九寸、宽约一寸、厚约半寸的楠竹板。早年间，为表演时更为喜庆热闹，表演者多在左手常握的两块竹板上镶嵌铜钱，金钱板也由此得名。

金钱板表演讲究“打、唱、演”三字，以打为先，打作节奏，唱作旋律，演作神韵。表演者左手执两块竹板的下端，并用技巧使两块竹板的上端张合相击；右手执一块竹板，并以此敲击左手的两块竹板，从而让三块竹板打出更丰富的节奏。据说，有善打板者甚至可用金钱板击打出风云雷雨等九种不同的音效。另外，金钱板的演唱多用方言土语，语言通俗易懂，形象生动，常用歇后语、谚语和拟声词。而在演的方面，一方面要求演员要善于使用表情的变化来刻画角色和情感；另一方面也要善于使用肢体动作，从而使整个表演更为灵活多变，更具空间感。

早期，金钱板大致分为三个流派——一为清派，表演起来清雅稳健，动作不大，其主要注重说唱的咬字吐词，要求字正腔圆、中气十足，并且唱腔中不能带“啦”“哈”“呀”等语气词，此派代表有孙洪云，也即邹忠新的第一个师父；一为花派，其板式花哨，打得热闹，而且身上动作很多，演起来灵活自如，十分精彩，此派代表有“金帽根”闵贵亭；一为杂派，其每句唱词可长可短，不受节奏的拘束，收放自如，其表演时可边说边唱、说中带唱，甚至可随时和台下观众交谈说话，互动感很强，此派代表有石青云。

邹忠新当年先学清派，后又集花派之长，俨然开创出了“邹派”。不仅如此，邹忠新还不断地从花鼓、荷叶、清音、评书、扬琴、道琴乃至川剧中汲取养分，对金钱板的表演形式进行了创新。

另外，邹忠新还擅长川剧，他把川剧的唱腔和舞台动作也融入了金钱板的表演中，并总结出十三套表演动作，号称“十三太保”——以手上动作为例，分别就有左插云手、右插云手、上云手、下云手、莲花云手、抱手、护手、拐子手等等。

邹忠新一生整理和创作了两千多个金钱板段子，其代表作有金钱板《罗昌秀》《冷枪战》《焦裕禄》《赣南烽火》《洪湖凯歌》《双枪老太婆》等等。另外，邹忠新还编写了《金钱板表演与写作》《金钱板传统书帽选》等专著和选集，为金钱板的传承发展打下了坚实的基础。

拜师学艺

1929年，邹父将五岁的邹忠新带至双流，想让他拜金钱板名家孙洪云为师。孙洪云见邹忠新是大舌头，本不愿收留，但碍于孩子学艺心诚，只得指点其含石练功。为了“打断舌绊”从而根除大舌头的毛病，邹忠新真就每天含着石头说话，常常舌头被石子打得稀烂，疼得邹忠新彻夜难眠。久而久之，小石子渐渐被磨得光滑圆润，而邹忠新大舌头的毛病也被磨得无影无踪。

1932年前后，邹忠新又来到名山县百丈场青云客栈，找到金钱板大师杨永昌并拜其为师。[①]

父母早亡，童年时的邹忠新只得跟随叔叔在都江堰讨口度日。叔叔去世后，邹忠新又被当地一个单身货郎收为义子，如此才艰难活了下来。据说，当年邹忠新曾以泥土充饥，吃下之后无法排泄，苦不堪言。

1939年，刚满十五岁的邹忠新随义父来至成都。凭借着扎实的艺术功底，邹忠新渐渐引起了人们的注意，不久后，陆续有书场老板邀邹忠新上台表演，邹忠新从此开始在民间走红。

大红大紫

1942年，邹忠新同王德成、余跃渊、吴国梁、王炎荣、陈孝、杨青云、石青云、汪松庭、严松元一共十人发起成立了“成都市金钱板通俗讲演宣传职业会”，积极投身于抗日革命宣传。而在抗美援朝战争中，邹忠新还远赴朝鲜，将金钱板演出送到了前线。[②]

1951年，邹忠新到重庆参加西南区文艺会演，在表演完金钱板《武松打虎》后，邹忠新收获了邓小平同志长时间的掌声。1952年，在成渝铁路的通车典礼上，邹忠新又表演了为通车典礼专门创作的金钱板段子《火车开到川西坝》，再次获得了邓小平同志的高度认可。

① 段传琛：《曲苑金荷邹忠新》，国际港澳出版社，2005年，第1—26页。

② 中国戏曲志全国编辑委员会编：《中国曲艺志·四川卷》，中国ISBN中心出版，2003年，第31页。

1958年，在“成都会议”召开期间，时任成都市市长的李宗林邀请与会的共和国元帅们到其家中做客，在邓小平的提议下，邹忠新又被请来给元帅们表演《武松打虎》《岳飞传》等节目。

凭借冠绝天下的技艺，邹忠新声名远播。九大段《武松》拿板就打、张口就唱，形神兼备，让他收获了“西南活武松”的美名。

历经磨难

木秀于林，风必摧之。“文化大革命”时，邹忠新被定了“五大罪状”—— 一是“走资本主义的当权派”；二是“国民党伪三清团副分队长”；三是“周扬文艺黑线的黑帮分子”；四是“三名”“三高”“曲霸”；五是“三反分子”。“文化大革命”后期，经过内外调查，最终确定其无罪。

“‘文化大革命’的时候，邹老师的处境非常危险，好在当年红卫兵团有个打金钱板的杨劲松把邹老师从批斗现场给‘抢’了出来，后来又有九三学社的宋立本保住了邹老师并给他饭票……我们乡下有吃的，我就从乡下给邹老师拿菜拿米来……”邹忠新的徒弟李国仲说。

桃李满门

艺绝天下，自然桃李满门。邹忠新一生收徒众多，学生无数，但若说到离邹老“最近”的徒弟，必属李国仲——两人当年都住在猛追湾。邹老住在猛追湾水碾河，而李国仲住猛追湾三队。当年邹老历经磨难时，因李国仲一家对邹老多有接济，故邹老后来和李国仲的父亲成了至交好友，而邹老对李国仲也殊为喜爱。说起李国仲当年拜师邹忠新的故事，还颇为有趣。

“我住猛追湾三队，（20世纪）60年代的时候我就已经在演小品了。那阵我们喊小话剧，其实就是小品—— 一把镰刀、阶级斗争、斗地主——全都是这些。那时我们妆都化不来，拿眉笔画得花猫乱糟的，就跑到群众艺术馆去比赛……

“那时候，猛追湾有一个‘农村俱乐部’，里面的人按当年的说法基本上都是‘成分’不好的，喊的‘黑五类’，就是‘地富反坏右’的子女。这些人尽都是文工团下来的，人家嗓子又好，又唱得好，所以每回参加调演都要拿市上省上的奖。我们大队书记看不惯，就想办法往里头‘掺沙子’——想办法弄点贫下中农的子弟混在里头，当时就把我们也弄了进去……弄起进去我也不得行啊，我那个笛子吹得稀烂，变调都变不来，最后没办法，大队书记看我还会整点

▲ 李国仲与师父邹忠新以及师娘的合影　李国仲供图

曲艺、说点方言，就问我愿不愿意去学曲艺。我一说愿意，书记就给我开了个证明，让我拿着证明去找邹忠新。

“那天下午我去找邹老师。他就坐在五一茶社里头，穿个草鞋。当年邹老师一看到我这个农民学生来拜师，喜欢得跳，喊我明天就来学！第二天，我找朋友借了一辆峨眉牌自行车，骑车到邹老师那儿去学艺。

“最开始学艺的时候造孽得很啊，说起来眼泪花儿滚。我是来自农村的，啥子都会做，邹老师家里所有的重活累活——担水、劈柴、改料这些活路都是我做。我才学艺的时候邹老师也不教，就喊他的徒弟吴金汤教。吴师哥要吃烟，但问题是那会儿我们农村哪儿去找钱嘛？我只有去当放牛娃割牛草，每次赚个一分钱，然后凑成角把钱就去买‘南岸’‘向阳花’‘红松’‘经济’给师哥抽。后来师哥一高兴，抄了个《打虎》的本子给我，我回去一练就是三个月……”

李国仲后来颇得邹老的真传。据很多老听众说：“李国仲把邹老师的调门和味道模仿得惟妙惟肖，闭着眼睛听——就是邹忠新！”

李国仲不仅会金钱板，还兼有方言朗诵这一绝技，四川各地的方言，包括客家话在内，李国仲都是张口就来——据李国仲说，其祖上本为东山客家人，当年住白莲池，其父亲在十多岁时随祖母把家搬到了猛追湾。

“听我父亲说，我们的老家在白莲池五叉坝的李家老屋（今白莲池熊猫大道附近），直到现在那边都还有很多我们的叔伯兄弟，如今我们‘仲’字辈已经算辈分较高的，其他好多辈分更高的人都已经走了……

“那时候因为穷，东山上抢人的‘棒老二’很多，为求安全，我父亲的妈妈——我们叫‘阿婆’，就带着十几岁的父亲从白莲池搬到了猛追湾。阿婆姓冯，家里是地主，她让住在猛追湾的亲戚把地租给我父亲，我父亲就开始在猛追湾'帮长年'……后来我们二爸、三爸都是在猛追湾出生的……"

话说回邹老的众多徒弟——据李国仲回忆，邹老曾说过他最先收的两个徒弟分别叫小明和小张，两人都在抗战中被日军飞机丢下的炸弹炸死，后来，邹老又收了彭耀先、陈淡云、钟景生、刘士正、吴金汤、赵云龙、朱长贵、李国仲、殷德全、史生荣、杨永福、李和川、余公正、任国梁、章云、张徐等人为徒。张徐为邹老的"关门弟子"，其母徐棻是著名的川剧剧作家，其叔祖父为民国时期最负盛名的章回体小说家张恨水。据粗略统计，邹老一生正式收的徒弟有几十人；而通过开金钱板培训班，先后教过的学生更达上千人。

英雄迟暮

2000年以后，邹老仍时不时上台演出。在一次四川摄影家协会的年会上，邹老邀徒弟李国仲同台演出。师徒同台，自然是徒弟在前面垫场，师父在后面压轴。上场前，邹老大度地对李国仲说："你台上尽管说，把最好的段子都拿出来，不要怕！"得师父开口，李国仲自然不遗余力。李国仲上台打了一段《数县》，不料观众反应非常热烈，强烈要求他返台；于是李国仲又趁热打铁，返场说了一段评书《牌迷谈恋爱》。这下可不得了，现场笑声掌声排山倒海，观众的情绪异常热烈。紧接着邹老上台，邹老抖擞精神，打了一段《小菜打仗》，本来挺热闹的段子，没想到现场观众却反应平平，这让邹老大为尴尬。对于此事，李国仲一直都耿耿于怀："我要晓得是这个情况，我当时台都不得上！这个事情真的让我这一辈子都后悔！"

其实当年金钱板早已走了下坡路，甚至绝大多数观众只知有散打评书，不知有金钱板。邹老当年对散打评书颇有微词，认为散打评书没有完整的表演体系，而且其内容上对金钱板的借鉴也颇多。邹老曾不客气地说道："……李伯清哪本书讲完过？哪本书是他的'心肺汤'（原创）？而且他又不会打板子，又没有'夯夯儿'（嗓子），他那个哪点儿是艺术？"李国仲与邹老亲近，故直言不讳道："（不管）人家的东西是不是艺术，但人家的东西观众喜欢啊！邹老师，我天天在底下跑，天天在打金钱板，我不晓得啊？我摔了跤要给你说，不像有的人，天天给你说金钱板受欢迎得不得了啊，掌声如雷啊，观众'哇哇的'啊，哇啥子嘛？青蛙嗦？！"李国仲几句话把邹老气得拍桌子，拍案而起道："哪个说金钱板卖不出去！我倒是要出去看一下，金钱板到底卖不卖得来钱！"

一怒之下，邹老找到了徒弟朱长贵。2008年前后，朱长贵正担任成都市青年艺术团团长，他常年带团在外县"跑滩"演出。一听说邹老要出山，徒弟们自然是无比欢迎。于是，几个徒弟兴高采烈地带着邹老四处巡演。凭借着邹老的名气和实力，演出当然是场场爆满。现场观众的掌声和喝彩声如潮水般阵阵涌来，让邹老无比快慰。一次，邹老跟随艺术团去德阳演出，观众异常热情，当天竟让邹老返场了五次。"邹老一激动，晚上就喝多了酒，眼睛开始充血，一段时间后眼睛开始痛、流眼泪，返回成都后就住院了，可医生也束手无策。后来邹老的眼睛就慢慢不行了，一只失明，另一只只能看到影子晃。"朱长贵每当说起此事都痛心疾首。“邹老师这辈子是娃娃性格，只要你给他捧着他就高兴！观众掌声一热烈，就啥子都搞忘了。那天晚上一喝多，回来眼睛就不行了。”李国仲说。

其实从20世纪90年代开始，传统曲艺都几乎都快走到了山穷水尽的地步。“故事节奏慢”“方言听不懂”“唱腔不好听”早已成了众多年轻人对传统曲艺的评价。如果说20世纪90年代，李伯清的散打评书还能依靠快节奏的小段及大尺度的包袱在港片大行其道的市场中赢得一席之地，那到了20世纪90年代后期，别说一帮本土曲艺人，就是曾经称雄整个亚洲的香港电影也都不再风光。

也就是在20世纪90年代，琼瑶来成都找到了邹老，并将邹老所述的金钱板故事改编成了《还珠格格》。事后，李国仲还颇替邹老不值——《还珠格格》火遍全国，但世人只知“琼瑶”，不知有“邹忠新”。对此，邹老不过是一笑了之。

金钱板的故事成就了《还珠格格》，但《还珠格格》的故事并不能成就金钱板。邹老的故事只如琼瑶手中的一根火柴，即使点燃了电视剧的熊熊烈火，但用过的火柴也不再辉煌。

乐享晚年

邹老一生历经无数磨难，自然养成了乐观豁达的性格。除了在艺术上较劲，在为人处世上，邹老一生都秉持着与世无争的态度。他总是想尽办法提携后辈，但凡遇到评级，邹老从来都把机会让给年轻人。

20世纪80年代，邹老的工资也不过才每月八十几元，另外间或在

《成都晚报》的曲艺专栏发表些文章，赚取一些稿费，再者就是靠录音录像赚一些录音录像费，如此便知足常乐。

在生活方面，邹老非常简朴。吃的方面，邹老不爱吃水果，仅喜欢吃些花生米、豆腐干之类的零嘴，另外对肥肠、粉蒸肉、甜烧白，以及福字街的豍子肺片情有独钟。邹老好喝酒，但酒量甚浅——也就只在二三两。热天，邹老喜欢穿汗衫；冷天，邹老就穿一件毛衣外加一件西服，一辈子没穿过一件名牌。眼睛尚好时，邹老外出喜欢蹬三轮车，那是徒弟彭耀先给他定做的。邹老一生没留下什么房产，只有水碾河一套套二的小房子。

晚年时，邹老对金钱板的传承仍不遗余力。生前受访时，邹老曾忧虑地说："现在金钱板不行，我就剩下最后一个观众——老伴黄桂英……年轻那会儿，妻子是我的第一个观众，好多人羡慕她可以先睹为快；到老了，妻子成了我最忠实但也是最后一个观众。如今羡慕她的人一个都没有了，但感激她的人还有一个，就是我这个瞎老头。"

一次，邹老还对李国仲说道："这金钱板啊，以后还有得看哦……"此中语气，意味深长。

2013年5月13日下午5时50分，邹忠新因脑梗阻在成都市第二人民医院病逝，享年八十九岁。

邹老走后，一众徒弟自来吊唁。当时，众人皆不知如何处置邹老的骨灰，于是，李国仲回忆起了邹老当年曾对他说过的遗言——

父母遗言告儿孙，死后骨灰送灌城。撒向都江河流水，魂系铁索得安宁。

散打评书江湖客

三教九流，皆属江湖。

在曲艺行这个江湖中，有一江湖客。成名前，他比不上任何人；成名后，任何人比不上他。此人就是李伯清。

李伯清之成，堪称造化。

出身微末

李伯清的生父姓陈，是一名老中医，因其在李伯清四岁时病故，故李伯清幼年时便随其母改嫁入李家。彼时生活艰苦，常年难求一顿饱饭，故李伯清曾回忆道："我其实没的啥子艺术天分，就是'饭逼慌'，无奈搞这一行，无非是想吃顿饱饭而已……"

出道前，李伯清曾租住在猛追湾一队邓盛蓉的房中，以帮人拉蜂窝煤、拉裂马锯、抬板儿（修房、抬预制板）为生。因为身单力薄，所以每到抬预制板时，李伯清只得凑在一旁帮着喊号子："嘿唑！嘿唑！"后来李伯清在茶馆说书，总有原来的工友前来捧场。工友见到李伯清时总会开玩笑地和他打招呼道："哎呀，李老师！嘿唑！嘿唑！"而此时的李伯清总会一笑了之："爬哦，说这些。"

当年租住在猛追湾的李伯清十分贫困，为了交电费的事情，还曾和收电费的大队向会计——六妹大吵了一架。

拜师偷艺

李伯清的散打评书与其说是评书，倒不如说是讲故事，甚至于听上去更像是摆龙门阵——用闲话聊天的方式将一个个小故事串接在一起，并顺带抖出一个个包袱，是一种非常接地气的表演形式。

其实在20世纪70年代，讲故事的表演方式就已非常盛行。当年在刘洛仁的主导下，四川省艺术馆在成都市劳动人民文化宫举办了三期故事训练班，请来的主讲老师有重庆的评书大师徐勍、故事名家肖华，以及成都的播音朗诵家王雷。同时，故事训练班还邀请了成都的一众艺人前来捧场，成渝两地的艺人们组团讲故事、做演出，搞得非常红火。此时的李伯清尚未出道，仅算得上一个票友而已。

1980年前后，李伯清到文化宫中学观看李国仲和谢宗才的演出。

▲ 李伯清（后排左一）出道早期与邹忠新（前排左四）及成都文艺界众人合影
李国仲供图

演出结束后，李伯清邀二人到他租住的家徒四壁的房间内小坐。关系熟络后，李国仲带李伯清去拜访了金钱板宗师邹忠新。邹老爱提携后辈，当即送给李伯清一本《盘龙套》[①]，并教李伯清如何表演。李国仲回忆，当年邹老还语重心长地对李伯清道："你要博采众长，融会贯通，此后还要努力著书立说才是……"后来，李伯清在散打评书中常用到《盘龙套》里的书帽，比如其在描述美女时所常说的"头上巧梳盘龙转，转上金丝碧玉簪"就是《盘龙套》里的内容。

后来，李伯清进入了由王远德带队的东城区民间曲艺组，算是正式走上了曲艺这条路。但按当年的江湖规矩，在茶馆说书的必须得是"内盘"（有师承关系的行内人）——无论你说什么内容或是什么水平，只要没有师承关系，茶馆就不敢"接招"，而说书人也一定会被"内盘"用各种方式赶下台。于是，李伯清拜了金钱板杂派传人赵剑秋[②]为师，以此换来了上台的机会。

20世纪80年代初，李伯清开始在猛追湾、张家巷、跳蹬河的各个茶铺内说书，因刚刚出道，实力和名气都有所欠缺，故招徕不了几个听众。当年李伯清在跳蹬河的茶铺说书时，最少时仅有"三碗茶"上座；后来在会府演出，最少时也才仅仅"六碗茶"上座。为充门面，李伯清也学别的艺人冒观众之名为自己做了一面锦旗，行话称"旺旺

① 《盘龙套》是金钱板的传统书帽，虽只是薄薄的一本，但不仅有天排朝、地排朝、人王排朝、神王排朝、水晶宫排朝、佛排朝、排殿等各种场景中人物列队的铺陈描述；亦有赞山、赞水、赞风、赞火、赞刀、赞剑等各种事物的赞辞；另有大穿戴、小穿戴、软硬穿戴等各种人物穿着服装的精巧刻画。

② 赵剑秋师从陶明成，陶明成师从石青云，而石青云乃金钱板杂派的代表人物。从金钱板的传承辈分上讲，陶明成与邹忠新乃同辈，两人以师兄弟相称。

儿”，由同场演出的李国仲代为悬挂在茶楼之中。当年艺人一般是与茶馆对半分账，一杯茶一毛钱，艺人和茶馆各得五分。当年时运不济，自然穷困潦倒，无奈之时，李伯清找到李国仲，凭其三寸不烂之舌，将自己的山鹰牌自行车以一百六十元的价格“强卖”给了这位同门，用以接济生活开支。

为了学艺，李伯清又拜四川评书大师周少稷[①]为师。周老博览群书，博采众家之长，又广交名师，并集“清棚”[②]和“擂棚”[③]的表演精髓于一身，故其堪称四川评书界的“百科全书”。评书话本分为“墨本”和“条书”，墨本以小说为蓝本，而条书则是靠艺人口口相传，所以艺人之间口授故事，行话叫作“过条”。当年除李伯清之外，还有彭跃先、程永超、陈光明、达鹏贵等众多艺人，皆拜周老为师，以求得周老“过条”。

后来，李伯清又拜山东快书大师高元钧的弟子牛德增为师，继续学习表演。

不仅从师父处学，李伯清但凡听到有趣的故事和段子，亦不考究其雅俗，亦不论其何人所作，不管其属于评书、相声、谐剧，还是方言朗诵、民间故事，统统都收入囊中。比如李伯清最常用的开场白——“越热越出汗，越冷越打战，越穷越没得，越有就越方便，热

① 周少稷（1921–2002），四川评书大师，20世纪80年代，任成都市西城区政协文史委文史委员，后任青羊区政协文史委文史委员。

② 清棚，是文人下海说书而渐渐形成的说书风格，偏重文采，以清说为主，妙语连珠，以情动人。

③ 擂棚，重在武说，说书人动作和表情都异常丰富，并常借助吼喊的方式，辅以醒木在桌上用力拍打，从而刻画人物的喜怒哀乐和战场上的战马刀兵。

天没得冷天冷，冷天没得热天热，从来鸡公不下蛋，煤炭历来是黢麻黑，哪个要是不信，赌你去把它洗白”——就为谢宗才的原创；另外有关“黄肿”“水肿”“消肿”和“浮肿”的笑话是李国仲的原创；《牌迷谈恋爱》是魏凤鸣所写；《书迷闹洞房》乃徐勍所著；《听不懂》是巴登的作品；《追车》是改编自侯宝林的单口相声。更有甚者，李伯清早期说过的不少桥段是当年“旧社会”的民间乡野之谈，还有一些民间流行词汇亦常出现在李伯清的表演之中。这些为他带来了人气，同时也带来了后患。在李伯清成名后，有很多老曲艺人说其是偷段子的贼，又说其散打评书低级庸俗，皆因如此。其实，李伯清也并非完全没有原创，比如“姐夫想姨妹儿”“两爷子打赌”等桥段，就属于他的“心肺汤”。

混迹江湖

在表演这个行当里，无论是再红的角儿、再大的腕儿、再了不得的大师，都有台上失手的时候。舞台上一旦出现状况，固然很可能让演员丢脸，但也从另一方面磨炼了演员的经验并锤炼了演员的心态，是每个专业演员都必过的一关。

话说当年在大慈寺演出时，出道不久的李伯清和早已成为大师的邹忠新同台。李伯清心中忐忑，以致上台忘词。演出结束后，邹老对李国仲言道：“今天演出，伯清也来了。结果他一上台就忘词，在台上用扇子敲脑壳，丢刀啊……”

话说同行是冤家，曲艺行尤其如此。在曲艺行这个江湖中，人情之冷暖与人心之深浅，非其他行当可比——成名前，所见皆是白眼；成名后，所见皆是红眼，故成名不易，不成名更不易。按曲艺行的潜规则，大家相互间的攻击往往只能在私下说，绝不能拿到明面上说，但李伯清偏是不同，他常因当众出言不敬而得罪同行。

当年在大慈寺的演出采用的是“综合形式”，即把清音、扬琴、金钱板、相声、评书等多种形式合为一场，相当于“曲艺会演”。当年在此演出的几乎都是成都市曲艺团的专职演员，而李伯清为求进入专业院团，也天天在此“跟团”演出。其实当年此地的班主之所以让李伯清“跟团”，主要是让李伯清上台凑时间——毕竟无论是清音、扬琴，都耗不了太多的时间，即使是金钱板表演，也无非就是十来分钟，剩下半个多小时没有节目，只有用李伯清的评书充场。而演出者的收入却并不与演出的时长挂钩，无论长短，都是一人一场十五元。演到后来，李伯清自知“入团”无望，难免愤懑憋屈，于是变着法儿地在台上编派其他演员：“凭啥子嘛？！都是演出，人家歌星上台唱首歌挣一两万；搞曲艺上台挣十五元，但毕竟只演了几分钟——我李老师，一个人说半个多小时，还是就挣十五元！”这些话让李伯清在私下里得罪了不少人。

过去行内有句话，叫“江湖一把伞，只准吃不准攒”，其实这句话往往是劝人请客时的说辞，或者是求人办事请客时说的场面话，但李伯清却是出了名的“手散”，常把挣来的十五元拿来请众人吃饭，甚至还买烟散给一众观众抽。李伯清曾对人说：“等兄弟日后成名了，绝对不像有些人一样，抠抠摸摸的。以后兄弟‘开关’（四川方言，即‘请客’的意思），请大家天天吃香喝辣。”李伯清此话自是好意，但也难免被人抓住话柄，甚至让有的人记恨在心——哪怕他刚刚才吃了李伯清的“招待”。

20世纪80年代末，西城区文化馆的馆长陈文杰曾组织一众艺人去街边做惠民演出，当时队中有王云松、牛德增、曾小昆、鲁国华、李国仲等人，亦有李伯清。一次在张家巷演出，适逢四川电视台的记者前来录像报道，当天李伯清碰巧迟到，因未得以上镜，当街开骂，后被众人劝止。李伯清如此爱憎分明的脾气，也为他暗地里树敌甚众。

20世纪90年代初，东城区举办过一次“东城区茶馆艺术节”，当时李伯清凭借《牌迷谈恋爱》这一段子一举获得了艺术节比赛的一等奖。事后在“繁松林”吃饭，众人乘兴鼓动李伯清当场即兴创作一个小段，意图考一考李伯清的临场应变能力。李伯清不慌不忙，起身说道：“成都人最爱说废话，经常没有话找话说。比方说明明见人在吃饭，还问人家，你在吃饭啊？明明人家在逛街，还问人家，你在逛街啊？……那天就有个人，他正在上厕所，看到局长走进来了，他上来就冒了一句：‘哎，王局长，你亲自来解手啊？！’”此包袱一出，台下笑成一片。李伯清自是得意，却不料席间恰好有个“王局长”在座，这让这位局长尴尬不已。此后，市面上流行起一个笑话，说管厕所的大姐见李伯清来解手，便对其说道：“李老师，你亲自来解手啊？！你千万不要客气哈，哪儿存在嘛，随便屙！”此后，“李老师解手随便屙”俨然成了本地的一个典故。

李伯清口才再了得，也有甘拜下风的时候。20世纪90年代初，谢宗才在双桥子农贸市场开了家“艺友书社”，后来又在正府街开了家书店。李伯清当年在店内帮工，得了一个“办公室主任”的名号，常在店内与众人搭伙。一日，谢宗才、程永超、李伯清和李国仲四人正在店中闲坐，忽然有一位从云南来的做图书生意的女人走进店来，闲聊间因观点不合，此女子便与谢宗才、程永超、李伯清三人展开了论战。此女口才极其了得，居然以一敌三，辩得三人哑口无言！事后，躲在一旁隔岸观火的李国仲大笑说："你们三个都是名嘴啊！居然拿给这个女人说得腔都开不了！太丢脸了！"

《三国演义》中曾写有"诸葛亮舌战群儒"的桥段——此女虽未得留名，但能凭一人之才智轻松战胜成都三大"名嘴"，当可戏称为"女诸葛"。

出头之日

1992年，李伯清凭借评书小段《牌迷谈恋爱》获得了全国"三书"（山东快书、快板书、评书）幽默小段电视邀请赛业余组金奖，此时的他离真正走红仅一步之遥。

当年因为电视的冲击，整个曲艺界都在走下坡路，而传统评书亦如明日黄花，唯独李伯清的散打评书别具一格，独得观众的厚爱。而说到"散打评书"这个名字，其实还是拜当年《成都晚报》的记者廖友朋所赐。此名一出，立即让李伯清的评书风格有了极高的辨识度，这如同在上千吨的汽油中划入一根火柴，瞬间让李伯清火遍了全城。从此，四川的各大媒体争相对李伯清的散打评书进行报道。据不完全统计，当年光是李伯清散打评书的磁带就录制了几十盘，且不算市面上无数的盗版，仅官方销量就超百万盒。

当年李伯清有个“干亲家”姓唐，此人是个厨师，在东城区承包了一个食堂，并在四川日报社的对门开了家糖果店，卖些糖果糕点。一日老唐过生，便广邀宾客并当众炫耀道：“李伯清是我‘亲家’，我只要请他，他必随请随到！”众人自然欢欣雀跃，都等待李伯清到场，不料那日李伯清恰恰没来，这让这位“干亲家”丢了脸。老唐气不过，便召集起一大帮曲艺圈的人，大家“同仇敌忾”，在悦来茶楼跟李伯清唱对台戏。不仅如此，众人还编派了很多顺口溜、方言段子来讽刺挖苦李伯清。不料此举适得其反，反而把李伯清骂得越来越红。当年成都曲艺界专门召开了“李伯清评书现象讨论会”，会上专门讨论了“李伯清的怪现象”，众人在会上对李伯清大加挞伐，不过那时李伯清的心理也许正如现在流行的那句话一样——我就喜欢你看不惯我但又干不掉我的样子！

虽然没能被江湖人“干掉”，但免不了被江湖人排挤。李伯清出身微末，就算已名利双收，一辈子还是想捞个“编制”，求个“名分”。此时的李伯清早已深知此事在成都是求不得了，无奈之下，只有远赴重庆。当年离蓉之时，李伯清愤恨难当，他磕头洒酒拜别成都，并扬言道：“从今后再不回成都——就算屙尿都不朝这方了！”

落叶归根，数年后，李伯清终于还是重归故土。事过境迁后，李伯清也曾解释道：“成都是我的家。家里面妈老汉骂了我，一气之下离家出走，有一天回来了，妈老汉说一句：‘死娃娃，你又回来啦？’娃娃笑笑，也就过了……”

再大的道理，亦无非藏在细微的人情中。

李伯清者，人也。

清音婉转妙如歌

四川清音，民间又叫“唱小曲”“唱月琴”等，是一种叙事体的说唱艺术，由清朝乾隆年间的四川民歌小调发展而来。演唱者左手击板，右手持小锤敲击竹鼓为节奏，另又有月琴伴奏。伴奏者偶尔搭腔配合，唱腔优美，节奏轻快，非常富有四川本土特色。

清音在历史上曾形成过地域性唱腔的三种流派—— 一是以成都为代表的上河调；二是以宜宾泸州为代表的中河调；三是以重庆为代表的下河调。上河调流行于成都平原一带，它唱腔华丽婉转，轻快悠扬，听了使人毛孔舒张，大呼绝妙，而上河调的代表人物，即是原居于猛追湾成都市曲艺团宿舍的清音大师李月秋。

李月秋经常演出的剧目有《小梅绣花》《小放风筝》《忆我郎》《青杠叶》《断桥》《尼姑下山》《春天来到川西坝》《公社的礼花》《赶花会》《一包当归寄深情》《山村来了医疗队》《打双草鞋送亲人》《布谷鸟儿咕咕叫》等，其不少曲目由当年中国唱片社灌制唱片在全国发行。另外，其演唱的《小梅绣花》获1954年四川省第一届文艺会演一等奖；《小放风筝》《忆我郎》《青杠叶》获1957年第六届世界青年联欢节民间歌舞演唱金质奖章。

李月秋1925年出身于成都的一个贫民家庭。七岁时，李月秋拜师蒲光明学唱清音，十二岁出师登台，先后与蒲光明、蔡文芳、王华德、黄德君、熊青云等结伴，长期在成都一带演唱、卖艺为生。其独有的“哈哈腔”演唱技巧冠绝于世，上至名流显贵，下至贩夫走卒，都爱听她的演唱，使其在20世纪40年代便拥有了“成都周璇”的美誉。

1953年，李月秋参加第一届全国民间音乐舞蹈会演，同年，又参加第三届赴朝慰问团演出；

1953年至1954年，李月秋参加全国慰问团，先后去西藏、云南边疆等地为驻地解放军官兵演出；

1954年，李月秋当选为四川省第一届人民代表；

1956年，李月秋参加全国政协会议，并参加全国音乐周演出；

1957年，李月秋参加在莫斯科举办的第六届世界青年联欢节，演唱曲目《小放风筝》《忆我郎》等，被国际评委评为金奖，成为把四川清音带出国门并获奖的第一人；同年12月，又参加慰问凉山州部队演出；

1958年，李月秋被调至成都市戏剧学校[①]任教，并参加四川省第一届曲艺会演，演唱的四川清音曲目《布谷鸟儿咕咕叫》（黄伯亨作词、熊青云编曲）获演唱一等奖；同年，参加在北京举行的第一届全国曲艺会演；

1960年，李月秋参加第三届全国文代会，文代会期间，其为毛泽东、朱德等中央领导人演唱了四川清音《小放风筝》等曲目；

1961年，李月秋调回成都市曲艺团；

1973年，李月秋选任四川省政协委员；

---

① 即今成都市文化艺术学校。

1979年11月，李月秋参加第四届全国文代会；

1980年，李月秋参加四川省第二次文代会；

1988年，李月秋退休；

1993年8月2日至8月4日，李月秋在成都市锦江剧场“群星梨园”书场参加了“巴蜀曲艺一代名师荟萃献演”，听众爆满，不料此次演出竟成为李月秋的告别演出；

1996年3月，清音大师李月秋在蓉因病逝世。

李月秋一生从艺，她对待表演认真严谨，对待艺术一丝不苟。她的演唱艺术不仅无私奉献给了人民大众，也得到了国家领导人和国际友人的高度认可。

李月秋一生收徒众多，其中程永玲、沈桂蓉都是如今的清音表演艺术家，她们依然传承着四川清音这门美妙的艺术。

市井故事

祥和里到香香巷

祥和里和香香巷，是猛追湾最为著名的两条美食街。与如今靠炒作出名的网红美食街不同，到这两条街上吃饭的常客多是本地老饕。从一环路东三段入祥和里，而后过天祥街、望平街，再一头扎进香香巷，一路下来，便将猛追湾的大半美食都收入了囊中。

祥和里——筱庄

一环路东三段与天祥街之间，有一条小街，名祥和里。

将街命名为“里”，和中国古代的里坊制不无关系。

得益于铁器时代的到来和封建制度的建立，加之诸侯纷争，使得中国早在战国时期便形成了历史上第一个城市发展高潮。《战国策》中曾描绘道：“千丈之城，万家之邑相望也。”

至汉代，城市建设逐渐形成了更加规整的棋盘式布局，这便是里坊制的最初形态。最初，坊、市分离。坊中建十字形街道，将坊内区域分为四块；市中建井字形街道，将市内区域分为九块。坊、市外设围墙，又设坊门与市门，由吏卒和市令负责管理，全城按令实行宵禁。

三国时的邺城，则进化成一个布局更加严整、功能分区更为明确的里坊制城市。曾任洛阳北部尉的曹操当然深谙城市规划治理之道，他在临漳旧址上以齐桓公的旧邺城为基础建立了新邺城。整座城几乎修成了标准的长方形，城内除宫殿及冰井、铜雀、金虎三台之外，对城市的其余部分做了标准的棋盘式分割，形成了极为清晰合理的里坊格局，这让整个城市在选址、城防、规划、管理、战备、审美等各方面都达到了极高标准。难怪明代文人钟惺在他的《邺中歌》中由衷感叹道："邺则邺城水漳水，定有异人从此起……横流筑台拒太行，气与理势相低昂。安有斯人不作逆，小不为霸大不王？"

至唐代，因国力强盛、文明开放，故渐渐演变为坊、市结合，围绕坊、市的高墙逐渐消失，而夜市也日渐兴盛……

成都有史可查的最古老街道就是以"里"命名——其名曰"赤里"，位于古成都以南，也称南街，是先秦时官府的所在地。据西汉扬雄《蜀都记》记载："成都之南街名赤里。"东晋常璩在《华阳国志》中也写道："成都县本沿赤里街，（张）若徙至少城内。"明末，赤里被战争所毁。清朝重建成都城后建南大街，街名和"赤里"一脉相承。

其实成都有很多街巷都以"里"字命名，这些以"里"命名的街巷大多有两个共同点：第一是起名较晚，一般都不过百年；第二是名字吉祥，一般都带有很美好的寓意。

如崇德里，其地本为清代协台衙门故址，1925年，商人王崇德买下该地大部分作为住地，并取名为崇德里。

又如三多里，为抗战时所开，本名"火巷子"，做战时居民疏散之用。1945年抗战胜利后，更名为三多里，取"多福、多寿、多子孙"之意。

再如亲仁里，中华人民共和国成立前名大阳沟，后填沟成街，引《孟子·尽心上》“亲亲而仁民”之意，取名亲仁里。此街在2000年时被拆除。

祥和里是在1993年才正式“开街”，故其得名也是在1993年。因其街的一头连接天祥街，当然这个“祥”字也就顺承了“天降祥瑞”之意，此为上应天时；再添一“和”字，取“以和为贵”之意，此谓中得人和；又引“祥和”而入“里”，“祥和”皆在这“里”，此谓下承地利。

从文化内涵上讲，“祥和里”三个字就备足了天、地、人三才，而在祥和里宽不过七米、长不过七百米的街内，也备足了三四十家各色餐馆，从热卤凉拌到蒸炒煎炸，从串串火锅到各式烧烤，几十家餐馆供众多食客精挑细选，故祥和里在成都人的印象中，更是一个美食所在地。

这样的地方对食客而言自然是天堂，但对餐馆而言无异于炼狱。不足够优秀的餐馆，会迅速被淘汰进长长的“注销账号名单”之中。从祥和里开街至今的二十七年来，唯一能“长存不死”的餐馆，就是近一环路的一家川菜馆——筱庄。

筱庄，又名竹子屋，其店面装修简约通透，借鉴了不少川西民居的风格。店外精心种植了一丛细竹，再次证明了店主对竹的偏爱。

筱庄的店主冯蓉已年过七十，是冯氏家族的大姐。据冯蓉回忆，早在1985年，她的五弟冯锐就在九眼桥的太平南街8号创立了一家餐馆。五弟既做老板又兼主厨，并亲自为这家餐馆定名为“筱庄”。

“筱，就是细竹的意思，所以筱庄也叫竹子屋。我五弟最爱竹

▲ 祥和里街景及筱庄的老板和食客　刘云奇摄

子，他说竹子不但虚心上进，而且韧劲十足，他希望这家小店就像细竹一样，能四季常青。”

因为五弟的厨艺师出名门，其店内的各式菜品自然颇为考究，故从开店伊始，筱庄的生意就一路顺风顺水，且常有贵客临门。中央电视台著名主持王小丫当年在川大读书时就是筱庄的常客，另外，著名画家罗中立、著名美食家李树人、浙江卫视的著名主持人华少、成都电视台著名主持人周东，都经常光顾筱庄。

1993年，祥和里开街，筱庄从九眼桥搬到了祥和里，而筱庄也迎来了它的新任管理者——冯家六妹冯静美。六妹在店长的任上做了整整二十年，直到把自己的孩子供到了大学毕业方才退休。大姐冯蓉笑说："都是一家人，大家都是诚信为本。小事上有不同看法，大家商量着解决，但从来没有人因为钱吵过架。这是一家小店，挣不到什么大钱，但是我常说——只要坚持用心，小店足以养家。"

六妹退休后，由于五弟有病在身，大姐冯蓉只得接回小店，并培养自己的女儿唐小棠作为筱庄的下一任接班人。

采访当天，唐小棠从容而热情地安顿好一桌来自世界各地的外国客人后，静静坐回母亲冯蓉身边，笑盈盈地和笔者聊起来。

"我们生意最好的时间是2010—2015年吧，那时候天天客满，我们只有在店外的马路边上摆凳子让客人暂坐，然后让吧台排队喊号，有时候外面排几十上百号客人，我们真是忙不过来。

"我们店开了几十年，看到这街上一家一家的店开张，一家一家的店关门，我们都觉得自己很幸运。我们家人都说，做餐饮不是追流行，昨天流行柴火鸡，今天流行火盆烧烤，后天又兴冷锅串串，你追不过来！你就守到你的摊摊儿，守到你的手艺，把你一直做的每份菜都做到最好，然后坚持品质，客人才会认你。我们的麻婆豆腐、锅贴豆腐、回锅肉、竹筒汤，都是几十年的菜品。另外我们的泡菜系列，比如泡椒鸡杂和泡椒腰花，那些泡菜都是我们自己选菜自己泡的，所以几十年能一直保持口味。"

采访结束，当笔者正准备起身离去时，冯大姐又让服务员送来了一份打包好的干香带鱼，说请笔者务必尝尝口味。笔者自然惊喜感激，在道谢之时，冯大姐又为我介绍道："这服务员小高，在我们这儿干了十四年。她老公老谭，我们叫他'弹绷子'，是我们的厨师，在这儿干了十六年。他们两个在筱庄认识、结婚，现在娃娃都两个了！"

在去往香香巷的途中，笔者重新打量着这条原本自认为熟悉的祥和里——在"蟹蟹大排档"的店外，围满了上百个等待就餐的食客，他们悠闲地聊天等待，并时不时挪挪凳子，避让着小心驶过街道的汽车；街对面的"王记老酒坊"的路沿上，酒坊老板结束一天的忙碌后，邀了一桌好友，点上满满一桌卤菜，一桌人边吃边聊；街中"祥和里烤肉"的店内，一男一女对面而坐，服务员端来一大把烧烤，女人看到上菜，乐呵呵地笑了起来；街角卖龙头小吃的大姐，正用硕大的铜壶冲调着一碗甜香浓郁的莲子羹，看样子，她今天的生意甚是不错；街口"清粥小菜"的店外，服务员小跑两步，热情地把几位客人向店内迎去……

"星汉灿烂，若出其里。"不知为何，笔者的脑子里突然蹦出了曹孟德《短歌行》里的一句。曹操的邺城，里坊固然规整，但"里中为何"，怕并不是几栋房子可以填充得满的。

星汉何大？凡夫何小？

香香巷——竹涟

在四川方言中，"香香"初指零食，故四川人常称贪吃零食者为"香香嘴儿"；后来，"香香"泛指所有美食，"吃香香"便成了饕

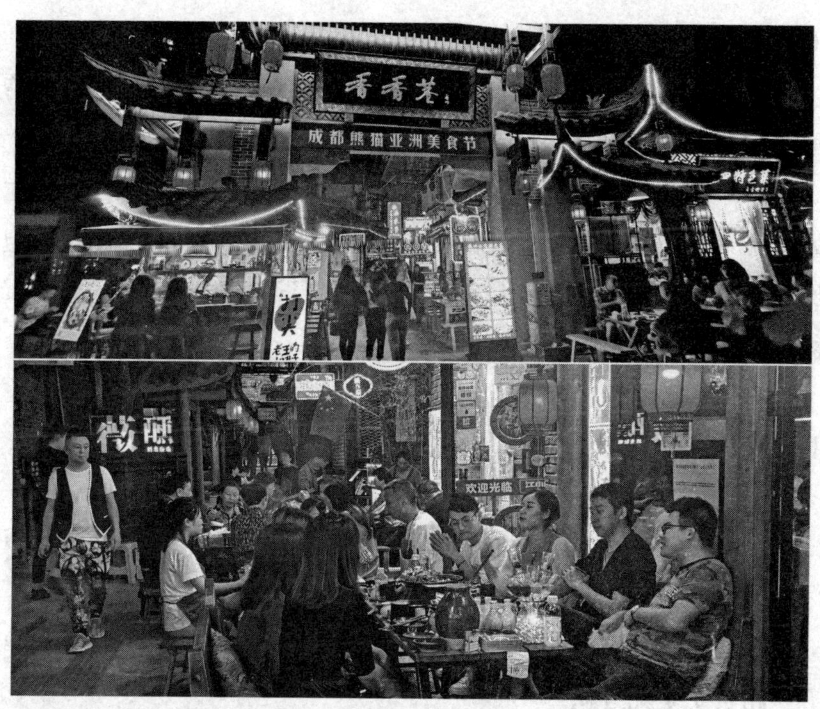

▲ 香香巷巷口牌坊及巷内吃夜宵的食客 刘云奇摄

客们寻街访店下馆子的代称。香香巷，也由“香香”而得名。其位于望平街25号，长不足百米，宽不足四米，巷内居然分布了二十余家特色美食。

香香巷在成都市东方丝绸厂的原址上修建。小巷原为东风桥畔东方丝绸厂厂区内一条东西走向八十余米、宽二三米的通向府河边的快捷走道，一度破败凋零。2000年，成都市东方丝绸厂被并购后，四川宝元通股份有限公司于2002年将此小巷打造为美食特色古巷，并在

2010年开街对外营业。

2018年，成华区在成都“夜游锦江”的规划中着力打造猛追湾府河景观带，同时再次升级重塑香香巷，并在2019年10月再次开街。

香香巷一头一尾原有两尊塑像，一为嫘祖，一为严君平。在此塑嫘祖像很好理解，毕竟用嫘祖来纪念东方丝绸厂再恰当不过；但严君平虽是成都人，是汉赋大家扬雄之师，是西汉末年的道学家和玄学家，但他和嫘祖又有何关系呢?

一个民间传说也许能为上面这个问题作答。在清代《四库全书》中，曹学佺在《蜀中广记·严遵传》中写道：

> 初，博望侯张骞使大夏，穷河源，归舟中载一大石，以示君平。
>
> 君平咄嗟良久曰：去年八月有客星犯牛、女，意者其君乎?此织女支机石也。
>
> 博望侯曰：然。吾穷河源至一处，见女子织锦，丈夫牵牛，吾问此何地?女子答曰：此非人间也，何以至此?因指一石曰：吾以此石寄汝舟上，汝还以问蜀人严君平，必为汝道其详。
>
> 君平曰：吾怪去年客星入牛、女，乃汝乘槎已到日月之旁矣!

简言之，传说当年张骞因出使西夏而误入仙界，在河流源头偶遇牛郎织女，织女便让张骞将自己的支机石装入船中，顺流而下带回蜀地并交给严君平辨认。由此，严君平和织女扯上了关系，府河自然也就和传说中的仙界天河有所关联了。

如今，香香巷位于望平街一端的巷口立有牌坊，牌坊上挂着启功书写的街名匾额。相比巷口的牌坊，巷内的环境更有情调。从作息上讲，这条小巷仿佛昼伏夜出，总要到黄昏入夜时分，当华灯亮起、霓虹闪烁，巷内的餐馆才开始真正苏醒并生动起来。各地菜式在这里相互竞争融合，盐帮菜、新川菜、港式茶点、川式冷锅、泰国菜、日韩料理，以及各式小酒馆和甜点屋，让人目不暇接。一家家餐馆摩肩接踵——各家的招牌重叠掩映，各家的座位挤靠交错，恍然间，很难分辨每家店之间的界限。这像是宫崎骏在《千与千寻》中塑造的街景。正是因为这场景的魅力，才让原本打算暂停增开新店的杨思敏、杨思捷两姐妹迅速决定在香香巷开出她们的第六家日式烤肉连锁店——竹涟。

说起来，这双胞胎姐妹的创业故事也颇有传奇色彩。姐妹俩都不是餐饮业出身——两人最初在一起学杂技，后来姐姐杨思敏转行做宠物美容，妹妹杨思捷转行做了幼儿园老师。妹妹结婚后，找婆婆借了四十万，然后拉着老公和姐姐，三人在2016年开始创业。虽有婆婆的支持，但亲妈却甚不看好，总说两姐妹是“过家家，小打小闹，上不了台面”，没想到半年后，店里的常客越来越多，两姐妹在朋友的撺掇下又融资开出了第二家店，从此一发不可收拾，短短的三年时间里，三人总共开起了七家店，而且生意都很兴旺。姐姐杨思敏说，亲妈现在一见姐妹两就笑容满面，再不像从前般焦虑。

竹涟的装修风格很是夸张，除了毫不收敛地将日式元素堆砌陈

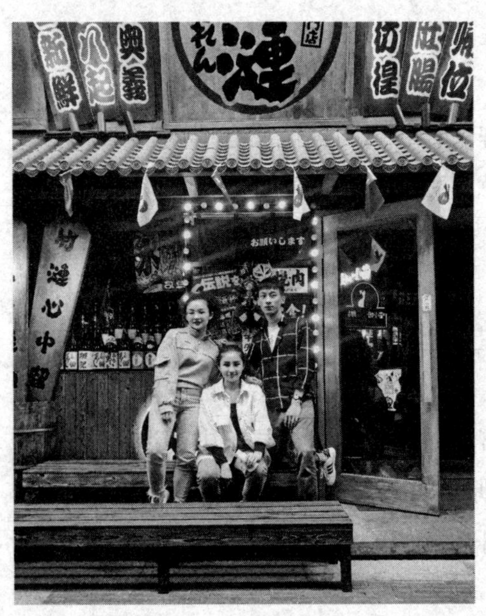

▲ 从左至右，分别为竹涟老板杨思捷、杨思敏及店长林子权。 刘云奇摄

列，还掺入了些调侃人生的理念——店外如上香一般立插着三块牌匾，左边一块写“酒肉穿肠过”，右边一块写“竹涟心中留”，居中一块上书“正义的烤肉”。另外，门匾两旁还大书特书道“饥腹彷徨”“肉入肚肠”“元气归位”“和牛奥义”，这些颇像是自创的口号，让这家店从外到内都在蛮横而赤裸裸地“勾引”着食客的食欲。用完全不讲理的态度跟你讲吃饭的大道理，就是让你走到店外就感觉不能不饿，于是敞开肚皮，要进店快活一顿再说。

对于店面设计，妹妹杨思捷很是骄傲：“我老公是做广告业的，这家店从装修风格到文案设计全都是出自他的手！”

“那三个股东会不会有矛盾？你和你老公若是夫妻联手，会不会让你姐姐被孤立？”笔者问。

“会！但只会是我老公被孤立！我和我姐姐从来都意见一致，我老公常说他是弱势群体！”杨思捷笑说。

“那你们三个成都人为什么会选择做日本烧烤？做这样‘本地血

统’的日料店，不会让人觉得很奇怪吗？”

“成都人的嘴越来越挑，而越挑就会越注重食物的本味！现在的菜都注重烹饪，你咸我比你更咸，你辣我比你更辣，吃到最后，吃的都是调料；而日本料理重食材轻烹饪，就像《舌尖上的中国》里说的——高端的食材往往只需要最简单的烹饪方式——只要食材好，往往越简单，才越能吃到本来的美味！”姐姐杨思敏解释道。

“那为什么店名要叫‘竹涟’呢？”

“没有为什么，随便想的，一想到就觉得很合适。清风过竹林，水面起涟漪，你不觉得这样的场景很合适喝酒吃肉吗？哈哈哈哈！”妹妹笑说道。

一语即出，如若惊雷。本来在笔者的心中，最美好的吃饭场景应是孟浩然诗中的“开轩面场圃，把酒话桑麻”，但经妹妹这么一说，好像欧阳修文中的“临溪而渔，溪深而鱼肥；酿泉为酒，泉香而酒洌”才更为逍遥自在。

从祥和里到香香巷，从筱庄到竹涟，偶然间，两条美食街上的两家餐馆仿佛产生了一个有趣的比较——有麻辣鲜香，就有返璞归真；有家族传承，就有异军突起；有固守的套路，就有新创的招数；最后，有君子和而不同，亦有君子所见略同——两家都以“竹”命名，两家店主亦都崇尚着竹的风骨和品性。

美食之道，亦是道。

道者，生生不息。

河边茶社故事长

猛追湾外沿河岸，原称永年村，住着猛追一队至七队的农户，此地除农田而外，沿岸多是乱坟。

当年娱乐匮乏，沿岸居民只得自寻其乐。据当地人说，此地原有三乐：其一，好泳者可从此地的大堰顺水而下，一直游至下游的头道堰、二道堰、三道堰，此为一乐；其二，在一号桥东南侧有大片桉树林，有人附会《水浒传》中之地名，将此称为“黑松林”，因林中常有男女幽会，故常有好事者到此逮“野鸳鸯”，此又为一乐；其三，茶社听书，此为至乐。

20世纪50年代，猛追湾“曾家幺店子”旁最早兴起了茶社。茶社为求生意，便请说书人到社内说书。这一晚，昏黄的灯光下，台上的说书人正说着《薛仁贵征西》。茶社内，买座听书的茶客已是满坑满谷；茶社外，还有无数的观众围在墙外旁听。说书者娓娓道来，听书者聚精会神；说书者绘声绘色，听书者津津有味；说书者舌灿莲花，听书者眉飞色舞——越说越环环相扣，越说越精彩纷呈，一节紧似一节，一番高过一番，至关键处，醒木一响，台上突然暴喝一声：“你个死娃子，你还敢跑？！”顿时吓得站客驻足，随后，茶工便连忙端着簸箕在人群中四下收钱……

当年站着听书没有固定的收费，少则一分，多则两三分，若身上实在没钱，店家也不会勉强。若是坐着听书，则茶钱五分，带茶带座。客人多是附近居民。常有听书上瘾者，每日必听，欲罢不能，与如今追剧者无异。

当年台上的这位说书人叫刘士正，虽比邹忠新大一岁，但却是邹忠新的徒弟。关于刘士正学评书的经历，还有一段笑谈。

据说，当年邹老性情孤高，又对艺术要求颇严，见刘士正性格温吞，故不爱给他“过条”。刘士正无奈，只得常常买上花生米、豆腐干等零嘴去巴结师母。因邹老讲书时师母定会伴其左右，故刘士正每天跟在师母背后探听师父讲到何处，故事为何。有师母“过条”，刘士正就热炒热卖地在茶社开讲，居然也能赢得个满堂彩。后来邹老在酒后聊起此事时乐不可支，笑说刘士正是“师母教出的徒弟”。

到20世纪60年代，东城区在猛追湾新设“云飞茶社”，位于如今的猛追湾东街成华公园的正门旁，专供评书艺人讲书。此时驻场的讲书人叫赵云龙，也是邹忠新的弟子。赵云龙擅《三侠五义》《七侠五义》，每晚开书，场场爆满。据笔者父亲说，当年他刚随笔者爷爷来成都时就住在猛追湾的253信箱宿舍（即现在紧邻华联商厦南侧的253宿舍），他读书时，就常逃课去茶社听赵云龙讲书。

至20世纪80年代，猛追一队的地界又开出一茶铺，有东城区曲艺队在此驻演。同一时期，邹忠新的另一个徒弟李国仲才从大邑的邮江煤矿调回成都，生活上正处于最困难的时期，加之家中又被贼偷了几次，真是穷得揭不开锅。好在李国仲和猛追一队的队长是兄弟，于是借着关系，他也开始在茶铺里讲书。据李国仲回忆，当年他第一场讲的是《乾隆下江南》，居然当天就卖出去两百多张票。茶工用土窑罐子帮李国仲装钱，装了整整一罐子一分、两分、五分的硬币，事后一数，居然有四十六块之多，直让他笑得合不拢嘴。除了评书外，李国仲也表演金钱板和方言诗朗诵。

20世纪80年代后期到20世纪90年代初，随着电视的普及，到茶馆听书的观众锐减。虽然茶馆是越开越多了，但留给评书艺人们演出的舞台却越来越少。茶馆渐渐演变成了麻将馆，此时的评书艺人，只得“红糖饼子白糖糕，各把各的门面超”。据说，当年电视剧《霍元甲》风靡全国的时候，评书艺人谢宗才在演出时还亲自背上一台黑白电视机去茶馆。他到茶馆后先把黑白电视机安放好，然后对现场观众说：“同志们、朋友们，今天大家先看《霍元甲》，再听我讲书！”——评书之衰落，可见一斑。

被遗忘的不仅是传统艺人们，也有一小部分忠实的观众。其实，那些复杂的故事脉络像无数根绑定艺人和观众的绳索，总会拖着彼此一同老去。所以，只要有老观众还在，就总还有老艺人在演着——比如“梅花川剧团”。

2010年，梅花川剧团从一心桥搬进了香香巷的天府古戏园。每日下午，戏园都会照旧时规矩挂出水牌，写明今日的戏码和演员，久而久之，终于又聚集起一帮老观众。

十元的票价连茶带座，仅靠每天几十个观众是无论如何支撑不起一个剧团的。于是，剧团又谋求和旅行社合作。按旅行社导游的要求，剧团每场只需表演变脸、吐火、滚灯三个节目，每场二十五分钟，每票八十元，然后导游和剧团分账；与此同时，剧团又与媒体及亲子社群合作，举办了多场“儿童川剧专场”，仍是表演川剧绝活，另配上些杂耍、口技、魔术、双簧等非遗节目，这都为剧团多少争了一口生气。

驻场演员的演出费都不高，一般就是几十到一百元一场，但这些老演员个个身怀绝技。据剧团老板廖晓健介绍，梅花川剧团能演几百出戏，就算每天上新戏，剧团也可以保证一年不“返头”。有时候，演员当天上午看到一个故事，中午对几遍词，下午就能上台演出。“如果上新戏还要排个十天半月那是肯定不行的，演员在台上吃饭，这就是必需的生存能力！唱戏有板眼，演员的台词和表演把节奏给出来，锣鼓点就自然跟得上！”廖晓健如是说。

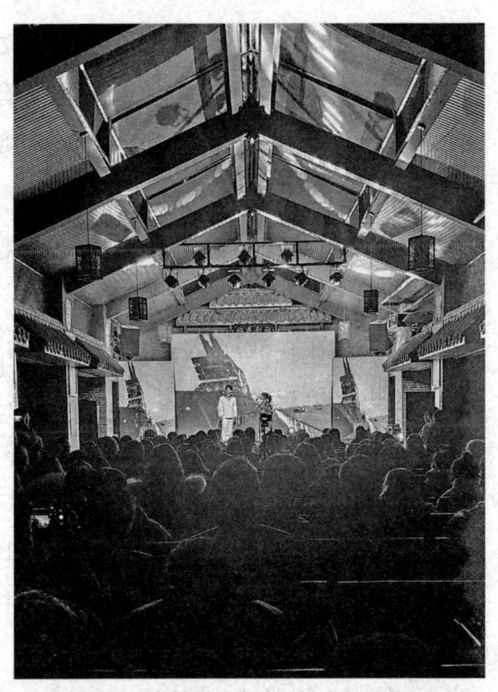

▲ 梅花川剧团正在进行的一场青年话剧表演　刘云奇摄

其实在2012年前后，天府古戏园内还有两个青年相声团体在此驻场演出——一名“笑艺场”，一名“哈哈曲艺社”。笑艺场以创新相声为主，常演些相声剧，辅以散打评书之类；哈哈曲艺社以传统相声为主，另演一些快板、单口相声之类。两个团体先后在此演出了一两年，后皆因票房不理想而撤离了此地。哈哈曲艺社后来搬到了总府路，而笑艺场则就此谢幕，退出了历史的舞台。

2019年4月，天府古戏园突生变故。据说，场地出租方一夜之间拆掉了剧场并断掉了水电，甚至把所有的服装道具都扔到了一楼的建筑垃圾之中。6月，笔者在香香巷找到了剧团团长廖晓健，据他说，剧团一定会重新开张。

2019年9月，得益于当地政府的支持，天府古戏园终于搬进了香香巷口三楼上的望平坊剧场，戏台上，锣鼓声又响了起来……

评书也好，戏剧也罢，茶社里的方寸舞台，让多少故事在此上演。这些故事里藏着世道人心，当然也就藏着教化万民。在那个时代，绝非每个人都能背得几句《论语》，但每个人都一定或多或少听过几段评书，看过几出戏码。若论对社会人文的影响，也许教书先生还不如说书先生或唱戏先生，正如太平歌词《劝人方》里唱的一般——说书唱戏劝人方，三条大路走中央，善恶到头终有报，人间正道是沧桑。

猛追湾河边茶馆里的故事，还很长很长……

游乐园中人潮涌

成都市游乐园，位于一号桥东南侧府河岸边，占地165亩。其兴建于1985年，于1986年6月1日正式开放，2009年12月被拆除。其旧址所在地现为成华公园。公园内至今尚保存有当年游乐园内的翻滚列车的轨道一段，供后人回忆。

兴建

1979年，中国吹响了改革开放的号角，亟待苏醒的中国经济舒展筋骨，变得精神焕发起来。位于南海边陲的深圳率先喊出了“时间就是金钱，效率就是生命”的口号，很快地，人们纷纷踊跃地投身到经济建设的大潮中。从“下海经商”，到“万元户”“倒爷”，这些名词都成了那个时代最鲜活的印记……而成都市游乐园的兴建，也是以那个时代作为背景。

20世纪80年代初，猛追湾河边原是猛追大队的农田。因此地段紧邻东郊工业区，周边经济相对发达，消费力相对旺盛，故市城建局下辖的园林局看中其地理位置，开始计划在此兴建成都市游乐园。最初，园林局方面希望将猛追湾东侧河边从一号桥到二号桥段的所有农田连同猛追湾游泳池、东郊体育场全都纳入游乐园建设范围，但由于未能与各方达成一致，最终仅将府河边一号桥头的一块农田，即猛追一队的农田划为游乐园建设区域。

1985年，成都市游乐园开始动工兴建，1986年6月1日，园区基本建成并开放经营。原猛追一队的近两百位农民“农转非”后被聘作游乐园工作人员，负责游乐园内部设施的日常维护和管理。

建成后的游乐园北以一号桥为界，南以猛追湾街为界，东以东郊体育场为界，西以府河为界。园区共设三道门——猛追湾街与建设路交界处的位置为正门，也即如今成华公园正门的位置；另在东郊体育场正门附近开一小门，作为员工通行处，方便园内工作人员和车辆进出；而位于府青路通美大厦旁的一道门为侧门。

按现在最流行的说法，当年游乐园刚一建成就成为全成都的“爆款”！在最初开放经营时，市民进入游乐园是免费的，而后因游人太多，园方开始以两元一张的价格销售门票。即便如此，游乐园里的游人照样是摩肩接踵、络绎不绝。要知道，在那个年代，成都绝大多数市民的每月工资也不过一百元左右，两元的票价可谓非常高昂——何况这仅仅是入场券的价格。

▲ 笔者孩提时在游乐园翻滚列车前留影　刘云奇供图

要说到游乐设施，则票价更高。据当时园内的工作人员回忆，当年摩天轮的票价是五元，超级秋千的票价是十元，“疯狂的老鼠”的票价是十五元，碰碰车的票价是二十元，翻滚列车的票价更达到了二十五元。

其实园方当年也经常印制一些内部套票，主要用于赠送给一些机关单位和企业。据说，当年在游乐园工作的每位员工每月都可以领取两套内部套票作为员工福利，而员工们几乎没人会将套票转手售卖，一般都是将票送给亲戚朋友作为礼物。

从20世纪80年代末至20世纪90年代初，游乐园每到节假日几乎都是人山人海。为尽力满足游客日益增长的娱乐需求，游乐园基本处于一边经营，一边新建游乐项目的状态——几乎每隔几个月，园内就会有新的游乐设施建成，这使得游乐园内的设施从最初的几项发展到后期的几十项，可谓日新月异。

游乐园周边，也雨后春笋般地开起了众多的小吃店、冷饮店和玩具店，这些店铺的生意都非常兴旺；园内卖羊肉串、糖画、棉花糖和冰激凌的摊主们也赚得盆满钵满。

当年，笔者年仅十岁左右，因住家离游乐园很近，外加有亲戚当年在东郊体育场工作，经常能获得游乐园的内部套票，所以常去游乐园玩耍。在此，笔者记录下一些回忆片段——尽力为那段历史着上一点色彩，保留一点温度……

翻滚列车的乘客和观赏者

“你看那个女的，还坐第一排，一会儿肯定要遭吓安逸！”

“你看她旁边那个男的，脸都涨红了，胆子比女的都还小！”

“后头那个小伙子胆子好大，居然敢甩双手，扶都不扶……”

咯啦咯啦，随着链条传动的声音，翻滚列车的红色敞篷车厢缓缓沿轨道向上爬升。翻滚列车下，围满了无数仰头观看的人。人们津津有味地仔细观察着列车上每一个人的表情，并从各种兴奋、紧张、恐惧、故作镇定的表情中，解读出莫大的快感。翻滚列车最初向上爬升的几十秒，就是让上面的乘坐者和下面的观赏者同时做好心理准备的时间。当列车到达顶部，开始缓缓沿轨道盘旋两周时，车内已大概率爆发出第一声惊呼，而观赏者也会爆发出第一次哄笑。列车忽然掉头向下俯冲去，车上此起彼伏的惊呼声就将逐渐和观赏者持续的哄笑声融为一体。列车运行的一分四十秒的时间里，观赏者们的目光会整齐地跟着列车的运行轨迹而运动，列车呼啸翻滚，呼声亦此起彼伏。列车到站，各乘客下车时的表情、姿态，将会成为所有参与者这一日最有趣的谈资。

前文提到，翻滚列车的票价在那个年代可谓极其昂贵，但即便如此，花钱寻求刺激者也不在少数。手握车票等候上车的乘客总会收获一众旁人投来的复杂的目光。这些目光中自然不乏纯粹的艳羡，但更多的都暗藏着一种酸葡萄心理，并迅速发酵成一种理直气壮的“乘车不值论”——那些乘客在下车后有痛哭流涕的，有走不动路的，甚至有蹲在墙角吐的，这些都反复证明了，对于翻滚列车这个项目，观赏远远比参与更划算。于是，当孩子们闹着要坐翻滚列车时，家长们就会立即抛出“乘车不值论”，并充分利用摆事实、讲道理这两招，最终将翻滚列车二十五元的车票妥协为一根五毛钱的冰棍，这能让双方都度过较为愉快的一天。

“爸爸，我也想坐翻滚列车！”

“要得嘛，等你长大了以后带你坐嘛。”

“那我好久才算长大喃？”

“等你自己挣钱的时候，你就长大了。”

被困摩天轮

游乐园里的摩天轮其实有两个版本——第一次建的摩天轮，可以叫1.0版本，这个摩天轮比较小，运载能力也很有限；后来园方拆除了小摩天轮，又新建了一个大号摩天轮，我们姑且把这个摩天轮称为2.0版本。

2.0版的摩天轮方一兴建，就立即和翻滚列车一起成为东郊的地标！记忆中，摩天轮的垂直高度至少达到了三十米，它几乎就是当年整个东郊的“最高建筑”。隔着府河，远远就能看到游乐园里巨大的摩天轮和翻滚列车轨道——这也为游乐园招徕了不少游客。

在当年的成都东郊，人们还有所谓“五层大楼”这样的特指称谓，也就是在当时人们的眼中，五层高的建筑已是出奇雄伟。试想一下，突然一个三十米高的摩天轮耸立在人们眼前时，每个人心中该是何等震撼。

2.0版的摩天轮总共大概有五十个轿厢。轿厢在底部6点钟位置打开，人坐上去沿顺时针运行一圈，当轿厢再次回到6点钟位置时，工作人员会迅速打开轿厢，催促上一组乘客出来，并把下一组乘客送进去。每个轿厢限乘六人，所以工作人员会提前在排队等候者中配齐六人，若因时间仓促偶然被分到了五人组或四人组，那感觉简直就像占了个天大的便宜。

比之于翻滚列车，摩天轮的运行平稳很多，外加五元一张的票价也比较亲民，所以，敢不敢坐摩天轮就成了当年区分“胆子大的人”和“胆小鬼”的最便捷方式。照例有恐高不敢坐的人——当年真不乏闭着眼睛被朋友推进轿厢，然后哭着坐了一圈，再闭着眼睛被朋友带出轿厢的——若是如此，此人准会成为所有人的笑谈。

当然，这样的受困总是短暂的，摩天轮运行一周的时间也就不到五分钟；然而，听猛追湾派出所的退休民警龚毅讲，在20世纪90年代，还发生过一起著名的游客被困摩天轮事件。

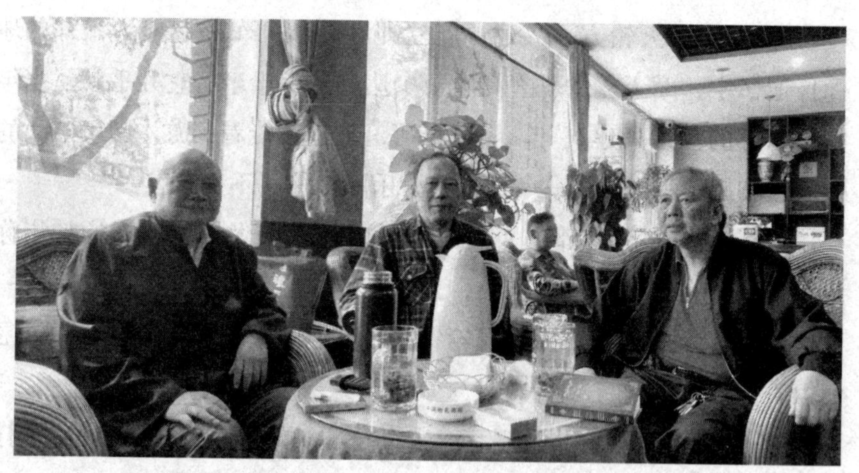

▲ 猛追湾派出所老民警龚毅（右一）和他的老朋友们　刘云奇摄

据龚毅讲，那是在一个傍晚时分，当晚正在执勤的龚毅接到报警电话，说有一成年男性被困摩天轮无法离开。龚毅第一时间赶到了现场，并迅速找到管理摩天轮的工作人员，最终成功解救了这名乘客。

据龚毅回忆，当年这名乘客应该是为了贪图玩乐，一直躲在摩天轮的轿厢里面没有“下车”，直到工作人员下班关电，他被困在了摩天轮位于半空中的轿厢里。一开始，他还心存侥幸，甚至还觉得新鲜刺激，而当暮色降临，他才开始恐慌起来。“当年不像现在一样，人人都有手机，这个娃娃就只有在高上用肉嗓子喊！幸好当年游乐园晚上不关门哦，一直到晚上都还有很多散步的、耍朋友的，要不是那样，这个娃娃那天晚上只有在摩天轮上睡觉了……”

关于水上世界的传闻

猛追湾游泳池是最传统的游泳场，自然没有游乐园的水上世界那么有趣。

搜索“成都市游乐园”，在百度百科里有对游乐园水上世界的清楚介绍——“水上世界是一个综合游泳场，其面积约7000平方米，水上面积3100平方米，可容纳2000人游戏，是继广州、上海、天津之后，在大西南建成的屈指可数的大型水上乐园之一。水上世界由造波池、环流池、六滑道的大型滑梯和儿童戏水池四部分组成。”

当年水上世界的票价不菲，记忆中应该是在二十元左右。所以在水上世界开设的初期，东郊很少有小朋友能消费得起。

20世纪90年代，在成都东门主要有六个可供游泳的场地——排第一的当然是猛追湾游泳池，然后还有东郊体育场的内部游泳池、电子科大游泳池、地质学院游泳池（即现在的理工大学游泳池）、地质学院背后的东风灌溉渠以及游乐园的水上世界。

这六个游泳场地中，最便宜的当属东风灌溉渠，因为它是绝对的野泳爱好者乐园。这里根本没有门，就更没人收取“门票”，但收益总和风险并存——这里曾经淹死过人。最大众的当属猛追湾游泳池，毕竟其建成时间最久，而且属市体育局的下属单位，所以安全也有最大的保障。要说这六个游泳场地里最贵的一个，非游乐园的水上世界莫属。

因为贵，所以很多孩子消费不起；因为消费不起，所以愈发神秘；最后因太过神秘，所以关于水上世界的传闻就多了起来。

记得当年，所有的传闻都是从“今天我去了水上世界”开始的。有人说水上世界很大，就像海一样，而且有沙滩和海浪；有人说水上世界有很多大型游乐设施，坐上去人能飞到天上，再从天上掉进水里，既不疼又刺激；有人说水上世界有真人表演，然后说在儿童节还有海豚表演；有人说在水上世界曾经碰到过鲨鱼；有人说水上世界管理很严，在水里放屁罚二十元，撒尿罚五十元；有人说水上世界的“街娃儿”很多，常常在附近“刮钱”，要是谁去水上世界玩，很可能还没来得及买票，钱就被“街娃儿”给“刮”了——“街娃儿就喜欢到水上世界刮钱，因为去水上世界的都是有钱的”……

于是，关于水上世界的传闻在整个东郊的孩子们口中迅速流传开来，在暑假时期，几乎每隔两三天就能听到关于水上世界的“最新消息”。讲述者用绘声绘色的表情和毋庸置疑的口吻，将水上世界的一个个传闻润色成了奇闻，又将自己安排为故事主人公，编成一个个充满探险色彩和个人英雄事迹的传奇，最终，无数由孩子们编剧的传奇让水上世界成为传说……这一切，在当年小朋友们胡编乱造的暑假日记里都还可以找得到书面证明。

记忆中，笔者直到上初中时才第一次去了水上世界。感觉除了长长的水上滑梯，就只有一波波的人造海浪还有点意思。

水上世界最大的乐趣，其实更多的存在丁一帮孩子的传诵里。

拆除

20世纪90年代中后期，随着世界乐园、国色天香等更多游乐园在成都的建成，成都市游乐园的生意日渐萧条，园内的游乐设备开始一个个被闲置、废弃。

当年，即将从猛追湾派出所退休的龚毅警官还和游乐园的总负责人史保田主任开玩笑说："老陕，你修完游乐园，又调你去修新华公园，等你把新华公园修好了，怕是你也该退休了！"

的确，龚毅算得挺准——等史保田差不多修完了新华公园，也正是史保田退休的时候——但龚毅没算到的是，再过不了几年，游乐园也到了退休的时候……

2008年底，成都市游乐园的大门上悄悄贴出了一张告示——

> 按照国家特种设备管理规定及设备年检年修的要求，为确保特种设备的安全可靠性，我园集中对园区设备进行安全可靠性检修检测，在近段时间，全园所有设备将停止运行，由此带来的不便，敬请谅解。

本作暂别，竟成永别。

2009年初，游乐园外的门墙上，突然用红油漆写满了一个个的“拆”字，同年12月，游乐园被全部拆除。

如今，游乐园的旧址上分别建成了成华公园、成华区文化馆、成华区图书馆，以及成华区首个五星级酒店——茂御酒店。成华公园内绿荫繁茂、花草缤纷，吸引了许多市民来此散步或健身；成华区文化馆常常开办免费的琴棋书画、歌舞表演乃至体育健身课，不断充实着百姓的文化生活；成华区图书馆内书香阵阵，雅致非常；茂御酒店及其附属的购物中心也成了猛追湾一张鲜活的名片。

后记

当成华区文化馆的蒋松谷馆长打电话来问我是否有时间撰写《成都·成华历史人文丛书》街道卷之一《猛追湾》时，我既荣幸又忐忑。我生于斯，长于斯，对于成华区的记忆和感情都颇深，但是否能写好本书，其实我心里真的没底。虽说“为之，则难者亦易矣”，但真当我上手写这本书时，才知道比想象中要艰难许多，这其中多亏了蒋馆长、张义奇老师、刘小葵老师的鼓励与帮助，让我终于完成了书稿。

另外，猛追湾街道文化活动中心的唐和铭主任也给予了我巨大的支持，无论是联系各个社区的采访对象，还是对接各大企业进行采访，唐主任每次都不遗余力地帮我联络、对接，这让我的采访一直都进行得非常顺利。在此，也要对唐主任和猛追湾街道办表示诚挚的感谢。

还有我在成都理工大学的三个学生——彭欢、陈婷、舒雨，也一直在帮我查阅和搜集资料。尤其是彭欢，她利用宝贵的课余时间替我去实地采访，其中的辛苦可想而知，但她从未对我抱怨，而且每次她提供的材料都尽可能的翔实生动，可见她真是花了不少工夫和心思。没有她们，这本书的写作也会艰难许多。

无论如何，这本书总算是写完了，其中难免有纰漏和遗憾。这“孩子”也许生得歪瓜裂枣，但毕竟是亲生的，即便客观上有再多的不足，主观上还是对其相当珍爱，所以请各位读者在翻阅本书时，抱着宽容大度的心态，不要太过指责。

写作本书的过程中，我三十八年的人生中有了第一次住院经历，躺在病床上时，我突然想起咏春拳有个招式叫“小念头”。人有时动一动小念头，一个变招，便动了下一个小念头——但也有时动一动小念头，就动成了一腔宏愿。人生的执念，总是从一个“小念头”开始的。不醉不归，不死不休，不放手，不回头，都是因为当初的一个小念头。

历史的鸿篇里，藏着一个个小念头；历史的边边角角，更藏着无数的小念头。小念头一起，便在史中。因此，在我看来，历史，概非一域一时之历史，亦非一人一事之历史。历史，是世道，是人心，是一滴眼泪、一个转身、一箸味道、一夜难眠；是一声猫叫、一缕云烟、一叶知秋、一眼万年……人心的变化无时无刻不在改变着历史、书写着历史，故读心如读史，写史如写心。

所以，若说我为本书付出了什么，我只能说我在尽可能地用心去感受每一个人物的内心，为此，我在写这本书时，也曾笑逐颜开，也曾泪流满面。

刘云奇

2020年2月17日